I0151922

Tirso de Molina

Amor no teme peligros

Barcelona **2024**
Linkgua-ediciones.com

Créditos

Título original: Amor no teme peligros.

© 2024, Red ediciones S.L.

e-mail: info@linkgua.com

Diseño de cubierta: Michel Mallard.

ISBN tapa dura: 978-84-9897-279-5.
ISBN rústica: 978-84-9816-483-1.
ISBN ebook: 978-84-9897-111-8.

Sumario

Brevísima presentación

La vida

Tirso de Molina (Madrid, 1583-Almazán, Soria, 1648). España.

Se dice que era hijo bastardo del duque de Osuna, pero otros lo niegan. Se sabe poco de su vida hasta su ingreso como novicio en la Orden mercedaria, en 1600, y su profesión al año siguiente en Guadalajara. Parece que había escrito comedias y por entonces viajó por Galicia y Portugal. En 1614 sufrió su primer destierro de la corte por sus sátiras contra la nobleza. Dos años más tarde fue enviado a la Hispaniola (actual República Dominicana) y regresó en 1618. Su vocación artística y su actitud contraria a los cenáculos culteranos no facilitó sus relaciones con las autoridades. En 1625, el Concejo de Castilla lo amonestó por escribir comedias y le prohibió volver a hacerlo bajo amenaza de excomunión. Desde entonces solo escribió tres nuevas piezas y consagró el resto de su vida a las tareas de la orden.

Personajes

Buñol
Don Alonso
Don Juan [de Urrea]
Doña Elena [Coronel, condesa de Belrosal]
Doña Jusepa, marquesa de la Luna
El Conde Infante
Engracia
Escuderosa
Un Alcaide
Un Carcelero
Un Paje

Jornada primera

(Salen doña Elena Coronel, con manto, Engracia, sin él, y don Juan de Urrea.)

Juan   No has de ir, por vida mía.

Elena   ¿Vida y tuya? Toma, Engracia,
                        allá este manto.

(Quítaselo.)

Juan   ¡Qué gracia!
                        ¡Qué primor! ¡Qué cortesía!

Elena   Solo en tu vida se fía
                        mi esperanza, y en su esfera
                        sus alivios considera;
                        que para mí no hay más mal
                        que el recelarte mortal,
                        porque eterno te quisiera.
                           Si a sospechas te provoco,
                        no, mi don Juan, suelto el manto;
                        mas vida que estimo tanto
                        no la jures por tan poco.

Juan   Con tantas finezas loco,
                        aunque las adoro y precio,
                        mis méritos menosprecio;
                        porque llego a conocer,
                        mi bien, que no puede ser
                        tan dichoso quien no es necio.
                           Vete, señora, a la mano,
                        favores con tiento tasa,
                        ¿qué Sol que al nacer abrasa

ponerse quiere temprano?
Lloraré después en vano
si no prosigues empeños
de tantos primores dueños;
que amor que empieza en favores,
soberbio con los mayores
no se halla con los pequeños.

   Querer bien por elección
y no por razón de estado
—que aunque este nombre le han dado
no sé que haya en él razón—
nunca va en diminución;
y asi agora que niño es,
en los extremos que ves,
don Juan mío, te parece
que mucho te favorece.
Juzga tú, ¿qué hará después?

   Como rapaz me desvela
y, en fe de recién nacido,
cobarde sale del nido,
bisoño en amarte vuela.
Haz cuenta que va a la escuela
y que empieza a deletrear
el abecé del amar;
porque, en llegando a crecer,
si agora aprende a querer,
presto enseñará a adorar.

Juan

La hermosura y discreción
reina pueden coronarte;
mas, condesa, en esta parte
no ha acertado tu elección.
Si amaras con proporción
lograras tus pensamientos;

10

pero recela escarmientos
mi mucha desigualdad:
fénix tú de la beldad
y yo sin merecimientos.
    ¿Qué has visto en mí que te obligue
a tan prodigioso amor?
Noble nací; mas valor,
a quien la dicha no sigue,
en vez de ayudar, persigue.
Mi padre fue el más valido
de un rey poco agradecido;
y bien sabes tú, señora,
que esto de «fue y no es agora»
es desaire aborrecido.
    Don Pedro el cuarto —el cruel,
le ha intitulado Aragón,
mas no yo, que este blasón
no es en los vasallos fiel—,
don Pedro, pues, cifró en él
de su favor el exceso;
pero imitó en su suceso
a los más que se le igualan;
que los privados resbalan
oprimidos con el peso.
    Quitóle vida y estados;
que la Fortuna y los reyes
siguen unas mismas leyes
con sabios y con privados.
Heredé solos cuidados
que a mi desdicha añadieron
lisonjeros que subieron
por mi padre a la privanza
y, después, en mi mudanza
aun pésame no me dieron.

Don Jaime, conde de Urgel,
conmigo solo propicio
me recibió en su servicio,
librando mi suerte en él.
Digno es que ciña el laurel
de Roma su heroica frente,
del rey cercano pariente
y los dos ínclitos nietos
del cuarto Alfonso, respetos
con que a su sombra me aliente.
    Este es todo mi caudal,
bellísima Elena mía:
yo el crepúsculo, tú el día;
tu sangre de estirpe real,
condesa de Belrosal,
tu renombre Coronel,
tan generosa por él
que hizo el valor que te abona
de tu «Coronel» corona
digna del sacro laurel.
    Mide agora, hermoso dueño,
mis prendas con las que tienes.
Verás cuán grade me vienes.
Despreciarásme pequeño.
Pesaráte del empeño
que en mi amor te descamina.
Estimarásme divina
y enseñará mi escarmiento;
que todo lo que es violento
por sí mismo se arruina.

Elena
    Lección nueva al Amor das.
Sabré por ella a lo menos
que quien se presume menos

es digno de amarse más.
Ocasionándome vas
a creer, cuando atropellas
tus prendas, que por tenellas
enajenadas te humillas,
o que das en deslucillas
por no deshacerte de ellas.

    Disminuye calidades,
que ponderando las mías
con esas hipocresías
a mi fuego fuego añades.
Soberbias tus humildades,
temiendo mi ingratitud,
me enseñan en tu inquietud
que a pesar de ese artificio,
ni toda soberbia es vicio
ni toda humildad virtud.

    Si es tu sangre casi real,
bien ves, por más que te abajes,
que, cuando no me aventajes,
en nobleza eres mi igual.
¿De la hacienda haces caudal,
don Juan mío? Compre y venda
Amor vil, y ponga tienda;
que el noble que a reinar viene
ni Consejo de Indias tiene
ni vio al Consejo de Hacienda.

    Sirve al infante de Urgel,
digno de mayor corona,
y pues tus prendas abona,
déjame que aprenda de él,
no de don Pedro el cruel,
la noble satisfacción
de la discreta afición

con que su pecho te fía;
o, pues que culpas la mía,
culpa también su elección.

Juan   Tu entendimiento es de suerte
que la victoria he de darte.
Vivo, amores, de adorarte;
fuerza es que tiemble el perderte.
No por eso has de ofenderte,
que todo desconfiado
duda del dichoso estado
en que le encumbra el favor,
y con celos nunca Amor
fue bien acondicionado.
   Pacífico siglo goza
Aragón por la blandura
de nuestro rey, que procura
cortejar a Zaragoza.
Sigue la nobleza moza
su apacible inclinación,
que de las musas patrón
entre ejercicios diversos
se deleita con los versos
y ampara su profesión.
   Una comedia que ha escrito
el primero rey don Juan,
en los conceptos galán
y en el asunto erudito.
Sazona hoy el apetito
del gusto, que en las sentencias,
consonancias y cadencias
se alegra de la poesía;
que el alma es toda harmonía,
y búscanla sus potencias.

Seis títulos y señores
la representan; tres damas
de la reina encienden llamas
en laberintos de amores;
el Buen Retiro —entre flores
con que al Ebro el cristal bebe—
da el teatro en que se atreve
hurtar a Plauto y Terencio
aplausos con que al silencio
admiraciones renueve.
Perder por mí fiestas tales
será fineza indiscreta
pues, siendo rey el poeta,
traza y versos serán reales;
tu vista aumente sus sales,
aunque has de dar ocasión
a que pierda su sazón
porque, ¿quién ha de tener,
si una vez te llega a ver,
en la comedia atención?

Elena

¿Para qué siembras enojos
que broten después agravios,
si me permiten tus labios
lo que me niegan tus ojos?
Don Juan, de ruegos tan flojos
conjeturar mi amor puede
que tu temor me concede
lo mismo que te desmaya,
y que el perdirme que vaya
es rogarme que me quede.

(Sale Buñol.)

15

Buñol	Más ha que por ti pregunta
	el conde infante de una hora.
	Quien siriviendo se enamora,
	contrarios extremos junta.
	Quiere que en la quinta amena
	la comedia de palacio
	goces, ¡y tú, muy despacio,
	París ciego de esta Elena,
	brujuleas regodeos
	del dios «Enrédalo todo».
	Vamos, que es tarde.

Buñol
Más ha que por ti pregunta
el conde infante de una hora.
Quien siriviendo se enamora,
contrarios extremos junta.
   Quiere que en la quinta amena
la comedia de palacio
goces, ¡y tú, muy despacio,
París ciego de esta Elena,
   brujuleas regodeos
del dios «Enrédalo todo».
Vamos, que es tarde.

Juan
        ¿De modo,
amores, que tus deseos
   he de estoarbar? En fin, ¿quieres
que sin ti, condesa mía,
salga la comedia fría?
¡No es justo! Ven.

Elena
        Mas, ¡cuál eres!
   Anda, don Juan, que yo sé
lo que el quedarme te agrada.

Juan
Después de representada,
la comedia te traeré.
   Leerás su traza discreta
y advertirásla mejor.

Buñol
No le haces mucho favor
con eso al dicho poeta,
   porque muchos aplaudidas
con víctores y palmadas
asombran representadas
que salen güeras leídas.

                    Comedia hay que como dama
                    se adorna, pule y afeita,
                    que en el tablado deleita
                    y es una sierpe en la cama.

Elena   No vas fuera de camino,
                    que yo en algunas impresas
                    he visto faltas como ésas
                    pero el ingenio es divino
                        del dueño de ésta.

Juan   Mi bien,
                    ¿sola, en efecto, y sin mí?

Elena   ¿Mientras que contemplo en ti?
                    No lo está quien quiere bien.

(Vanse los dos [don Juan y Buñol], y sale Engracia.)

Engracia   Doña Jusepa de Luna
                    a nuestras puertas se apea.

Elena   Querrá que con ella vea
                    esta fiesta ya importuna
                        para mí; mas no es fineza
                    darle a don Juan pesadumbre.

(Sale doña Jusepa.)

Jusepa   La amistad vuelta en costumbre
                    es otra naturaleza.
                        Ha tanto, condesa mía,
                    que las dos la profesamos,
                    que si a esta fiesta no vamos

juntas, suceder podría
   que me pareciese mal
sin merecerlo su autor.

Elena

Débote en ese favor,
marquesa, todo el caudal
   que no tengo, y más agora,
que un estorbo que no digo
no me consiente ir contigo.
Permíteme tu deudora,
   hasta que en otra ocasión
me dé el gusto más espacio.

Jusepa

Luego, ¿no has de ir a palacio?

Elena

En yendo daré ocasión
   a irremediables enojos.
Juramentada me dejan
celos que de mí se quejan
que no la han de ver mis ojos,
   y el cumplirlo es tan preciso
como lo es el respirar.

Jusepa

Mil cosas que maliciar,
condesa, me da tu aviso.
   ¿Qué sería si una traza
nos quitase, doña Elena,
fiestas que el Amor ordena
y la sospecha embaraza?
   ¿Sírvete el conde de Urgel?

Elena

Logrando en ti su cuidado
ese miedo es excusado.
No fuera yo amiga fiel

                        si, sabiendo que le quieres,
                        te le enajenara yo.

Jusepa   Poco en respetos miró
                        la amistad en las mujeres,
                            ni que lo tema te espante,
                        porque el conde me ha pedido
                        con afecto encarecido
                        y con recelos de amante
                            que, si su quietud deseo,
                        pierda esta fiesta por él;
                        que está celoso el de Urgel
                        del rey.

Elena   Tan hermoso empleo
                            como el de tu amor, ¿qué mucho
                        que del mismo Sol te guarde?
                        Mas si el conde hiciera alarde
                        de servirme, como escucho
                            a tus sospechas, ¿quién duda
                        que en no ir allá te empeñaba,
                        porque si me declaraba
                        su pasión, hasta aquí muda,
                            deseoso de obligarme,
                        no diese a celos lugar,
                        a costa de tu pesar?
                        Y así no había de privarme
                            de una fiesta majestad
                        a quererme el conde bien.

Jusepa   Amiga, los celos ven
                        más que la seguridad.
                            Esto por malicia pase.

Elena	Pues agora, ¿adónde vas?

Jusepa	Puede otro precepto más,
	y dudo, si le quebrase,
	esperanzas en vislumbres
	que el pecho obligado esconde.

Elena	¿Mudable tú?

Jusepa	Fuélo el conde,
	e imito yo sus costumbres.
	Ruégame don Juan de Urrea
	con todo encarecimiento
	que en este entretenimiento
	asista, porque desea
	saber a cuál de los dos
	obedecen mis cuidados
	en gustos tan encontrados.

Elena	¿Qué dices? ¡Válgame Dios!
	¿Don Juan te pretende a ti?
	¿Don Juan al conde compite?

Jusepa	Pocas lealtades permite
	Amor, ciego frenesí.

Elena	¿Qué maravillas no harán
	tus divinas perfecciones?
	En efecto, ¿te dispones
	a atropellar por don Juan
	con el conde?

Jusepa	De manera
	que, sin que pierda con él,

cumpla yo con el de Urgel
y con don Juan que me espera.

Elena   Si es tu ingenio para tanto,
mucho tus trazas le deben.

Jusepa   Como a esas cosas se atreven
los disimulos de un manto.
    Pero en efecto, ¿no admites,
condesa, el venir conmigo?

Elena   Ya mi imposible te digo.

Jusepa   En las finezas compites
    con tu hermosura. Las dos
no somos de un parecer;
pero, pues sin ti he de ver
la comedia, amiga, adiós.

(Vase.)

Elena   No sé como mi pasión
ha diisimulado tanto.
Engracia, vuélveme el manto.
¿Disfrazada la traición
    con halagos y caricias?
Pero sí, que deslealtades,
cuando afectan humildades,
nunca vienen sin malicias.

(Poniéndose las dos los mantos.)

    De los encarecimientos
con que su amor ponderó

pudiera, a ser cuerda yo,
conocer sus fingimientos
   y saber cuán engañoso
en mi alabanza le escucho;
que amor que encarece mucho
cerca está de mentiroso.
   Registrarán mis enojos
verdades que lloren luego;
que, puesto que Amor es ciego,
los Celos son todos ojos.
   Cubre el rostro y ven conmigo.

Engracia   Esperando el coche está.

Elena   Más presto que él llegará,
                  Engracia, el temor que sigo,
                     que lleva alas en los pies.
                  No quiero que por el coche
                  saquen quién soy esta noche,
                  dando qué decir después.

Engracia   Pues, ¿qué intentas?

Elena   Que sin verme
                  desgracias pueda mirar;
                  que me muero por hallar
                  lo que hallado ha de perderme.

(Vanse y salen el Conde y don Juan, como de noche.)

Conde   Confiésote que tiene
                  el rey buen gusto, y que es este recreo
                  de príncipes empleo,
                  porque a cifrarse en la comedia viene

cuanto entretenimiento deleitoso
es alivio del noble e ingenioso.

Juan

De ti, señor, se ampare
Apolo defenido.

Conde

Dichoso hubiera sido
aunque el rey en su abono se declare,
a celebrar su fama.
Doña Jusepa, pues con ser su llama
de las de Amor amiga,
las musas, que aborrece, desobliga.
No he podido con ella
que vea la comedia, y te confieso
—ya sabes que en sus ojos vivo preso—
que, por no hallarse en ella,
para mí ha de faltarla
la sazón que tuviera con mirarla.

(Llégase doña Elena de medio ojo al Conde, y apártale de don Juan.)

Elena

Vuestra alteza sea servido
de escucharme dos palabras
que le han de importar no poco.

Conde

Decid; que no hay importancia
que para mí pueda serlo
como el servir a las damas.
Pero abreviad, si es posible,
que advertirá el rey mi falta
si no asisto en su comedia.

Elena

Vos pensáis que queda en casa
la belleza que os hechiza,

y en prueba de que os engaña,
disimulada y cubierta
es oyente de la farsa
porque cierto amigo vuestro
que os compite se lo manda.

Conde   ¿Qué decís?

Elena   Lo que es sin duda.

Conde   ¿Y quién es el que maltrata
obligaciones de amigo,
fiscal vos de su fe falsa.

Elena   Eso adivinadla vos
y registrad circunstancias
de afectos, cuidados, señas,
entre los que os acompañan;
que en fe de que Amor es ciego,
creyendo que todos andan
de la suerte que él, sin vista,
pocas veces se recata.

Conde   Algo os duele a vos, señora,
este recelo.

Elena   Me abrasa
la vida su ingratitud,
el corazón sus mudanzas.

Conde   Fiadme, pues, su noticia,
que, volviendo por mi causa,
de camino haré la vuestra,
ya que a los dos nos agravia.

Elena	No lo he yo de poner todo.
	Lo que os he advertido basta
	para que estudiéis atento
	quién de los que os sirven anda
	esta noche en la comedia
	diligenciando tapadas;
	que acciones inadvertidas
	son lenguas que mudas hablan.

Conde	Pues, no habéis vos de exmimiros
	siendo parte interesada
	de tan precisa advertencia.

Elena	¡Ay, conde infante! Que es tanta
	la fuerza de mis congojas
	que, para certificarlas
	en fe del mal que han de hacerme
	desvelándose mis ansias,
	aunque me pese, es sin duda
	que será en mi vigilancia
	un lince cada sentido,
	un Argos casa pestaña.

(Llora. Saca un lienzo descubierta la mano y si descubrir el rostro, enjuga los ojos.)

Conde	¡Qué caros compráis, señora,
	esos celos, pues os sacan
	prendas del alma a los ojos.
(Aparte.)	(¡Ay, mano hermosa! Tornadla
	al guante, que es mi homicida,
	y no dando yo la causa
	a las perlas que vertéis,

no es bien que, por enjugarlas,
mientras sus niñas socorre
ne tiranice a mí el alma.
Helada ha casi su nieve
las no agradecidas llamas
que encendió las que os desvela,
y con celos es extraña
novedad que Amor se entibie.
Pero tales circunstancias
tiene esa mano hechicera
que hiela al tiempo que abrasa.)

(Sale un Paje.)

Paje   Ya se han sentado los reyes.

(Vase.)

Conde   Entrad, señora. (Si iguala
el talle a la discreción,
y a la mano, Amor, la cara,
a sus celos tengo envidia
y, aunque ofendido, feriara
con el desleal amigo
por ésta a Jusepa ingrata.)

(Éntranse los dos.)

Juan   ¡Notable facilidad!
¡Válgame Dios! ¡Qué contrarias
son juventud y firmeza
del poder y la inconstancia!
Confiesa el conde que adora
a doña Jusepa, y cuantas

aventuras se le ofrecen
le llevan tras sí.

(Sale Buñol.)

Buñol   ¿Qué aguardas?
¿De qué son los soliloquios
ermitaños?

Juan   Comparaba
con el del conde mi amor:
tan difíciles mis llamas
de ofender la prenda mía
como las suyas livianas,
pues cuantas mira apetece.

Buñol   ¿Qué quieres? El conde baila
al son que doña Jusepa
le tañe, pues no se cansa,
por enjaularte en su amor,
de ponernos añagazas.

Juan   ¡Qué inútiles diligencias!

Buñol   Eres la lealtad de España,
pero veamos las fiestas.

Juan   ¿Qué fiestas, necio? ¿Pagara
finezas de Elena ansí?
Prívase ella por mi causa
de verlas, siendo mujer,
y cuando se queda en casa
por no ocasionar mis celos,
¿tendré yo gusto en gozarlas?

Solo es objeto mi Elena
de mis deleites. No pasa
mi aplicación de su vista.
Sin vida estoy cuando falta,
sordo cuando no le escucho,
ciego vivo sin mirarla,
cadáver soy si se ausenta.

Buñol

Perfúmate, pues se aparta;
que olerás a cuerpo muerto
si estás sin ella sin alma.
Válgaos por ponderadores
los desatinos que ensartan,
los hipérboles que tejen,
las locuras que encaraman.
Ellos son topos y linces,
corren cojos, mudos hablan,
penasn glorias, lloran risas,
mueren soles, nacen albas,
cristal viven, mármol sienten,
candor tocan, muerden nácar,
besan jazmines con uñas
y adoran bostezos de ámbar.

Juan

No murmures lo que ignoras,
pero entretanto que gasta
la comedia el tiempo en burlas,
las veras que me regalan
vamos a ver. Sepa Elena
que sabe mi amor pagarla
primores del mismo estilo
que los suyos.

Buñol

¿No es hazaña

	provechosa, si en ti sueña, a las doce despertarla? Déjala amar a cierraojos.

Juan

No duerme quien teme y ama,
pues quedando recelosa
de que sin ella en la farsa
bellas advenedizas
solicitan mi mudanza,
mal dormirá mi condesa.

Buñol

Mal o bien, si no es fantasma,
celos y sueños a sorbos,
ya suspiran, ya descansan.

(Sale Engracia cubierta el rostro.)

Engracia

La multitud de la gente
que entró de tropel fue tanta
que nos desencadernó.
No está don Juan en la sala.
Buscaréle la condesa
y si de la fiesta falta,
creyéndole en otros gustos,
tragedias nos amenazan,
que pagaré yo por todos.
Esperaréla a que salga,
pues ha de ser por aquí.
Quiera el cielo que no caiga
sobre mí este torbellino,
porque siempre las criadas
hemos de llevar a cuestas
los disgustos de las amas.
Las congojas del calor

(Descubre la cara.)	me están asando la cara. Perdióseme el abanillo. ¡Jesús! Quiero desahogarla; que aquí y de noche, no luego han de dar conmigo.

Juan

         ¡Engracia!
¡Válgame el cielo! ¿Aquí y sola?

Buñol

¿Al primer tapón zurrapas?

Juan

Pues, ¿dónde bueno? ¿A quién buscas?
¿Con quién vienes? ¿A qué causa,
si entraste a ver la comedia
la dejas medio empezada?
¡Ah, Engracia! Las turbaciones,
siempre que los labios callan,
hacen lengua las mejillas
por donde las culpas hablan.
Lengua es también de vergüenza
y sus colores palabras,
que por escrito atestiguan
verdades que la acobardan.
Las que tu semblante muestra
a tu pesar me declaran
que fueron en tu señora
de más valor las instancias
de quien aquí la condujo
que las mías. ¡Qué ordinaria
es la elocuencia ingeniosa
cuando Amor fingiendo encanta!
¡Qué de finezas me dijo!
¡Qué ufano las escuchaba
mi crédulo amor y pecho!

30

¡Qué fácilmente se engaña
la sencillez generosa!
A ser yo cuerdo, dudara
de verdades que peligran
cuando son muy ponderadas.
¿No he merecido en efecto
que una fiesta perdonara
por excusar mis temores?
Quien en lo pequeño falta,
¿qué hiciera, Engracia, a pedirla
dificultades más arduas?
¿Qué preceptos temió Elena?
¿Quién es el dueño que manda
más que yo en su voluntad?
Dímelo. Ansí satisfaga,
eternamente dichosas,
el cielo tus esperanzas.

Engracia   Señor don Juan, deteneos.
Mirad que ciego os arrastran
por extraños descaminos
los desaires que os abrasan.
Por lo menos, de más fondo
es la amante fe que os guarda
mi señora, pues si duda
no da crédito arrojada.
Avisáronla, no ha una hora,
que obligasteis a una dama
a que, viniendo encubierta,
os diese lugar de hablarla.
No lo creyó, mas temiólo,
que el recelar en quien ama
es fineza, y grosería
culpar en duda mudanzas.

Ordenóme que os siguiese,
dióme un caballero entrada,
discurrí todo el salón
buscándoos la vigilancia
de mi solícita agencia
que fue, os certifico, tanta
que hasta el vestuario mismo
registré disimulada.
Presumí, como no os veía,
que la comedia os feriaba
en otra parte ocasiones
con la belleza indiciada,
y que, fingiendo sospechas,
obligasteis a que en casa
se quedase mi señora,
porque en ésta no os echaran
menos amantes desvelos
que buscan lo que les daña.
Sacásteisme mentirosa,
pues donde no os busco os hallan
inocente mis quimeras,
si bien en razón fundadas.
De modo que a un tiempo mismo,
desvelando a quien os ama,
os quita a vos la paciencia;
mas háceos esta ventaja,
don Juan, mi cuerda señora,
que si teme no amenaza,
si duda no certifica,
si fiscaliza no agravia.

Juan   Si eso es así, Engracia mía,
              en albricias de ser falsas
              mis sospechas, las perdono.

	¿Que está mi condesa en casa?
	¿Que a ser mi escolta te envía?
	¿Que si firme amor realzan
	celos que le hacen perfecto?

Engracia ¿Con tanto rigor la tratan
que han de valerme estas nuevas
más de dos joyas o galas?

Juan Lucirán, si en nombre mío,
con ésta las acompañas.

(Dale una sortija.)

Engracia Recíbola por ser vuestra;
y adiós, porque amor que aguarda
o desengaños o alivios
juzga eternidades largas
las dilaciones más breves.

Juan Obligarásme, si callas
malicias de mis sospechas,
infinito.

Engracia Sosegarla
pretendo yo, no afligirla.

Buñol Hablaste tan eleganta,
Engracia, en tu legacía
que me vas cayendo «en gracia».

(Vase ella [Engracia], y sale doña Jusepa cubierto el rostro.)

Jusepa ¡Qué poco, señor don Juan,

os preciáis de adulador,
cuando del rey el favor
los que en su comedia están
    afectan! ¿Y vos, ingrato,
por bellezas de acarreo
que os diviertan el deseo
perdéis tan gustoso rato?

    ¿Cómo verla no queréis,
y a sus umbrales estáis?
Cuanto más os acercáis,
más a su dueño ofendéis;
    que el escuchar celebrarla
es premio del escribirla,
pero el no querer oírla
es peor que el murmurarla.

    Poco el amor os abrasa
de la belleza que, ausente,
empeñandoos obediente,
se queda por vos en casa,
    pues en pago de las veras
que en sus afectos lográis,
el gusto vulgarizáis
con damas aventureras.

    Pero podréis disculparos
diciendo que, aunque es hermosa,
la pretendéis para esposa
y queréis ejercitaros
    en manuales favores;
que damas de poca estima
con somo espadas de esgrima
en que se ensayan amores.

    Si ella en mi pecho estuviera,
sin hacer tanta confianza,
temiendo vuestra mudanza,

disimulada viniera,
    dándome crédito a mí,
a ver lo que en vos tenía.
Pero, don Juan, ¿qué sería
si esto hubiese sido ansí?
    Dígolo porque he advertido
a los pies de cierto conde
no sé qué manto que esconde,
con melindre divertido,
    que por deslumbrar enojos
en el tal conde ocupaba
los oídos que le daba
y en vuestra busca los ojos.

Juan   ¿Quién seréis vos, mi señora,
que, fiscal de mis costumbres,
dais corteses pesadumbres
y obligáis murmuradora?
    Decidle, que estoy en calma,
y mientras me examináis,
palabras que al vuelo echáis
me van traspasando el alma.
    Mucho sabéis de mis cosas,
pero podré aseguraros
que habéis venido a engañaros
con sospechas maliciosas,
    porque por el mismo caso,
que por cumplir mi deseo
deja mi dama el recreo
presente. Suspendió el paso
    cual veis a su misma puerta
sin verle; que para mí,
no estando esa dama aquí,
no hay cosa que me divierta.

Pero, ¿qué manto, qué conde,
qué prenda a sus pies es ésa?

Jusepa   Espíritus de condesa
              manifiesta lo que esconde,
                 y lo bien que os obedece.
              Si os importa conocella,
              el conde sale con ella.
              Ved qué alabanzas merece.

(Sale doña Elena cubierta y el Conde.)

Elena   No desdore vuestra alteza
              generosas cortesías
              que le debe mi recato,
              ni conocerme permita.

Conde   No queráis tampoco vos,
              prodigioso y bello enigma
              de quien por fe os idolatra,
              que ésta os adore sin vista.
              Yo vi una mano de nieve
              con llamas de suerte activas
              que, incencio de mis potencias,
              helándolas son ceniza.
              Yo vi en la fiesta esta noche
              cuantas veces socorría
              congojas el leve avaro
              de ese Sol que se me eclipsa,
              a pesar del envidioso
              manto que su luz me priva,
              átomo de avaras glorias,
              instantes breves de dichas,
              peregrinos mis deseos

como el que a escuras camina,
que apenas rayos, abortos
del relámpago divisa
cuando a su luz instantánea
cierra la nube cortinas
y por minutos de cielos
le vende penas prolijas.
Amanézcame ya esa alba,
aliente flores su risa,
crepúsculos desembuchen,
púrpuras su oriente vista,
sosieguen dudas misterios,
salga el Sol, descifre el día,
—no a ruegos— dificultades
entre esperanzas ambiguas.
Dadme licencia que os vea.

Elena   ¡Ay, infante! ¡Y qué distintas
pasiones nos desconforman
y mi quietud martirizan!

(Señalando a don Juan que sigue hablando con doña Jusepa.)

Aquel hombre, conde infante,
aquel hombre, que entre indignas
ingratitudes desmiente
la fe con que se acredita,
es quien, perjuro a finezas,
desdeal os desestima,
descompuesto se os opone,
tirano mi enojo incita.
Perdonadme, que impaciencias,
la vez que se precipitan,
ni saben guardar respetos

ni advierten en cortesías.

(Apártase de él y vase llegando a don Juan sin descubrirse.)

Conde (Aparte.)   (Aquél, ¿no es don Juan de Urrea?
Luego, si como me avisa,
disfrazada esta ponzoña,
contra su lealtad conspira
y osa hacerme competencia.
La dama que solicita
es la marquesa inconstante.
¡Ah, sospechas homicidas!
Duplicado habéis mis celos,
y con ellos se duplican
aquí ocultos los pesares,
allí claras las malicias.
Celos de doña Jusepa
justas venganzas me intiman,
y celos de quien no veo
mi esperanza desatinan.
Satisfagámoslos todos,
aunque si bien se averiguan,
los unos son desengaños
pero los otros envidias.)

Jusepa   Don Juan, estimad extremos
de quien por vos no hace estima
de blasones coronados
que mis imperios humillan.
Mudanzas piden mudanzas,
que en quien agravios castiga
no hay venganza más airosa
que olvidar a quien olvida.
Y, porque llega el infante,

38

adiós.

(Apártase y llégase a doña Elena y dícele.)

> ¡Ay, condesa amiga!
> ¡Qué de ello don Juan de debe!
> ¡Qué bien empeños desquita!
> Adorándole, me adora.
> No hay conde que le compita.
> No hay rey que se le compare.
> Loco queda, voy perdida.

(Vase. Descubierta [Elena] a don Juan.)

Elena   En mitad de mis enojos
                 les debo tanto a mis iras,
                 desconocido don Juan,
                 que templada aunque ofendida,
                 vengo solo a preguntaros...

(Habla aparte [y responde a sí mismo el Conde].)

Conde   (Corrió a la imagen divina
                 del Sol estorbos molestos
                 Amor, ciega monarquía,
                 ¡Válgame su luz hermosa!
                 ¿No es la que mis celos miran
                 doña Elena, en quien la fama,
                 para enmienda de la antigua,
                 tanta clausura blasona,
                 tanto recato nos pinta,
                 tanto retiro encarece,
                 tanto desdén nos intima?
                 Pues, ¿cómo sola y de noche

créditos desautoriza
y, arriesgando honestidades,
en don Juan desvelos libra?
Pero, ¿cuándo en las bellezas
no se valió la mentira
de artificios exteriores
que uno sienten y otro avisan?
Nunca, si bien siempre hermosa,
como agora que me hechiza;
nunca, aunque siempre discreta,
como esta noche entendida.
Mas son los celos antojos
que con una fuerza misma,
haciendo las cosas grandes,
encarecen lo que envidian.
No la merece don Juan
Su amor a Jusepa elija;
mas no duplicando ofensas
que a mi nuevo hechizo sirvan.
Venid, celosos cuidados,
desbaratemos la dicha.)

(Sale un Paje.)

Paje   Conde infante, el rey os llama.

(Vase.)

Conde   (Llamas, llamándome, atiza,
que con lo imposible crecen.
¡Ah, cielos! ¡Que en tan precisa
ocasión el rey me estorbe.)

(Llégase a don Juan; Elena vuelve a cubrirse.)

Don Juan, esa dama es cifra
de todas mis esperanzas
ni negadas ni admitidas.
Débola mudos agrados
esta noche aunque no vista
—que no he sido tan dichoso—
por lo menos advertida
a pasiones consultadas.
Si mi respeto os obliga,
entre tanto que al rey veo,
detenedla y divertidla,
que presto daré la vuelta.
Mirad que me va la vida
en esto, y que si se ausenta,
la vuestra, don Juan, peligra.

(Vase y descúbrese Elena.)

Juan   Vuelve a preguntarme agora,
para que inocencias finjas,
¿qué tantas almas me alientan?
O, ¿cómo está dividida,
si el ser a una sola debo,
en bellezas tan distintas,
la que tu firmeza agravia,
la que mi lealtad derriba?
Encaréceme primores
de la fe que desperdicias
en empleos mal pagados
que al escarmiento retiras.
Disimula falsedades.
Di que veniste a esta quinta
a manifiestas traiciones,

que mi fe desacreditan.
¿Podrás, mudable, podrás,
cuando desmienta mi vista,
negar razones al alma
que el conde tu amante firma?
¿Qué usuras son las que logra
tu engaño a la hipocresía?
¿Qué traiciones sin provecho
nunca Amor las quimeriza?
¿Qué interesas en burlarme?
O, ¿por qué a mi amor te dignas
si me despeñan mudanzas
cuando engaños me subliman?
¿Qué sacas de mis tormentos?
¿Qué medras porque perdida
mi crédula libertad
la despeñen tus caricias?
Mira, ingrata, si salieron
mis sospechas profecías,
falsedades tus finezas,
certidumbres mis desdichas.
Porque a esta fiesta faltases,
atravesando mi vida,
pensé obligarte con ella.
¡Qué primorosa! ¡Qué fina!
Disimulando cautelas
dijiste, por encubrirlas:
«¿Vida y tuya? Toma, Engracia,
allá este manto.» ¡Ah, fallidas
confianzas en mujeres!
¡Cuando más se hiperbolizan,
más lejos de las verdades,
más cerca de las malicias!
¡Qué necio yo al escucharte!

«Solo en tu vida se cifra
mi esperanza, y en su esfera
todos mis gustos estriban.»
Ponderaba tus ficciones
y aquellas filosofías
de: «No jures por tan poco
vida en quien vive la mía».
¡Qué mal te salió la traza
de la mentirosa espía
que, porque me asegurase,
vino como tú fingida
a ponderarme obediencias
de tu fe y que, por lucirlas,
despreciando obligaciones
no pagaste cortesías.
Disimulábate en casa,
cuando en ésta a las festivas
demonstraciones atenta,
porque infantes se te rindan,
áspid, a sus pies, negabas
lo mismo que apetecías
porque cenase deseos
lo difícil de tu vista.
Ya consiguó diligencias,
ya a tu cara sacrifica
llamas de amor inmortales,
si antes que te viese tibias.
¿Qué más medras? Ya te adora.
¿Qué más triunfos? Ya le humillas.
¿Qué más lauros? Ya te tiembla.
¿Qué más penas? Ya me olvidas.
Si el abecé de tu amor,
que no ha mucho encarecías,
te sirvió hasta aquí de escuela,

ya pasa de él. Ejercita
facultades de más tomo.
Muden tus finezas, niñas.
¡Estudios! Sube a mayores.
Postra altezas. Vuela arriba,
pero no tan a mi costa;
que por sacar tus mentiras
airosas de mis agravios,
culpas a mi fe. ¿Apercibas
que obligan hoy mi impaciencia?

Elena   ¡Ah, desleal! Homicida
de esperanzas en ti secas,
¿dobleces tuyas me aplicas?
Lisonjero me persuades
a que a las fiestas no asista.
Por celebrar sin pensiones
las que tu traición fabrica,
¿e insultos tuyos me cargas?
¡Ah, cielo! ¡Ah, luces divinas!
¿Cómo consentís que sombras
vuestra claridad persigan?
¡Qué seguro te juzgabas
cuando en casa me creías,
obediente a los preceptos
de tu lengua fementida,
diligenciando favores
de esa leve Luna rica
con resplandores que hurtados
propiedades al Sol quitan!
¡Qué leal para el infante!
A estimaciones le obligas
cuando, de prendas que adora,
privado tuyo le privas!

Advertieras, a ser cuerdo,
que son los celos justicia
que con el hurto en las manos
coge engaños que registra.
No es la Luna en quien te empleas
lo que a la tierra vecina,
puesto que [...] monstruo,
virreina del Sol, le imita.
Luna sí, de espejo frágil,
que con las acciones mismas
que su cristal lisonjean,
adula a cuantos la miran.
Vióse en ella amante el conde,
amante también se pinta.
Tu amor en ella retratas.
El propio es fuerza te finja
si tan perdido por ella
estás como ella me afirma.
¿Qué mucho, siendo tu espejo,
que vaya por ti perdida?
Perdéos, mudables, entrambos,
mientras que mi amor consiga
ganancias que le mejoren;
que yo, para proseguirlas
con esmaltes de una alteza,
pretendo desde este día
sublimar la fe que estaba
en tu constancia abatida.
Al infante he de querer.

Juan

Ya le quieres; no me digas
sino que le has de olvidar,
que en ti con la misma prisa
que se abrasan tus efectos,

las mudanzas los entibian.
Mas, porque mejor los logres,
yo buscaré medicinas
en tu ausencia poderosas
contra el fuego que me hechiza.
Yo mudable, tu liviana,
alejaré mi noticia
de suerte de las memorias
de mi patria que no impidan
ambiciones de tu empleo.
Yo, dicurriendo provincias
que Aragón, que España ignora,
que más la aspereza enrisca,
huyendo Circes que encantan,
esfinges que precipitan,
sirenas que lisonjean,
Medeas que desatinan
en los desiertos alegre[s]
donde las fieras habitan,
donde los áspides moran
y basiliscos anidan,
más seguro en su veneno
que en tus aleves caricias,
que en tus dobladas ficciones,
que en tus finezas de alquimia.
Te vengaré con vengarme
de mis esperanzas mismas,
necias por mal empleadas,
báarbaras por presumidas.
No aguarden verme tus ojos,
no nuevas que, compasivas,
tarde tus lágrimas muevan
para llorar mis desdichas;
que no lo son, aunque maten,

las que, cuerdas fugitivas,
de tus engaños me ausentan,
de tus traiciones me libran.
    Pues cuando me rediman,
serán de mi nafragio alegre calma.

(Vase [don Juan].)

Elena   ¡Tenedle, cielos, que me lleva el alma!

(Sale el Conde, [con escuderos].)

Conde   ¿Qué es esto?

Elena   ¡Ay, hado fiero!
                         Que se ausenta don Juan, que sin él muero,
                         que sin remedio lloro.
                         Infante, que me deja, que le adoro,
                         Id tras él. Detenelde.

Conde (Aparte.)   (¡Ah, rabiosas envidias! ¡Ah, rebelde
                         pasión!)
(A los escuderos.)   Llevadle preso.
(Aparte.)   (¡Dóblarme agravios y quitarme el seso!)

(Vase [el Conde].)

Elena   Préndanle, conde, pues nos ha ofendido;
                         que más le quiero preso que perdido.

                         Fin de la Jornada primera

Jornada segunda

(Salen doña Elena y Engracia.)

Engracia   Ya te he dicho de la suerte
que la noche del festín
a las puertas del jardín
se quedó por no ofenderte,
   pareciéndole delito
ver la comedia sin ti,
sin osar pasar de allí,

Elena   ¡Ay, Engracia! Que aunque admito
   finezas que me acareces
solo porque tú las dices,
temo lances infelices
que me asombran cuantas veces
   mis desdichas considero.
Partióse el rey a Cerdeña
y el conde, que se despeña
tras su apetito ligero,
   quedó por gobernador
o virrey de esta corona.
Si éste, pues, porque blasona
que le enloquece mi amor,
   a don Juan mandó prender,
y para desdicha mía
guarnece de tiranía
los presidios del poder,
   ¿resistiréle mi amante?
¿Qué amenaza, qué promesa,
porque admita a al marquesa
por esposa, el conde infante
   ha perdonado? ¿Hay firmeza

en el más valiente amor
que, coronado el rigor,
amenace la cabeza
   del súbdito en tal fortuna
y ose resistir constante?
Don Juan es pobre, el infante
con la marquesa de Luna
   le ofrece benigna estrella.
Pídele ésta, enamorada.
Yo, Engracia, soy desdichada,
mi contraria rica y bella,
   don Juan solo y perseguido,
el infante casi rey,
la necesidad sin ley
interesable el olvido.
   Contra tantos, ¿qué podrán
resistencias del más fuerte?
No dudes, pues, de mi muerte
en dejándome don Juan.
   Luego mejor es morir
y acabar con mis temores.

Engracia   Entretanto que eso ignores,
el esperar y sufrir
   es de ánimos generosos;
cuanto y más que no sé yo
si por tu causa olvidó
los extremos amorosos
   el conde de la marquesa.
¿Qué? ¿Te esté mal un amante
en la calidad infante,
con quien tu casa interesa
   esperanzas cuyo fin
te haga reina de Aragón?

No tiene el rey sucesión.
Solamente don Martín
    su hermano, si éste muriese
sin hijos, es quien le hereda;
y luego el conde en quien queda
esta corona. Si fuese
    tan propicia tu fortuna
que pasase tu beldad
de condesa a majestad,
y la marquesa de Luna
    que agora temes en vano,
envidiándote después,
se te postrase a los pies
y te bese la mano,
    ¿culparás tu elección?

Elena   Ten, que por verme resinar
                         llevas traza de matar
                         toda una generación.
                             El rey —déle Dios mil vidas—
                         es mozo y recién casado,
                         sin que admita mi cuidado
                         esperanzas homicidas.

(Sale don Juan.)

Juan   Para que me des albricias,
                         para excusarte congojas,
                         para alegrarte esperanzas
                         y para borrar memorias,
                         he feriado de mi alcaide
                         con dádivas y lisonjas
                         permisiones de tu vista
                         solamente por media hora.

Volveréme dentro de ella;
que dejé mi fe fiadora
y, aunque la juzgas fallida,
quien la conoce la abona.
¡Ah, Elena! A ser yo agorero
temiera el ver que te nombras
como la que, por mudable,
llevó tragedias a Troya.
No en vano advierten presagios
que las estrellas apropian
los nombres a las costumbres,
porque tal vez se conforman.
Excusara yo desdichas
a advertir mi afición loca;
que fuera asombro ser firme
siendo Elena y siendo hermosa.
Deslumbróme mi ignorancia;
que Amor que ciego se engolfa,
como no admite discursos,
aunque es dios, peca de idiota;
mas no en todo me condenes,
pues si te acuerdas, no ignoras
cuán atento a mis peligros
dudó el alma recelosa
desigualdades de prendas,
que siendo tan ventajosas
en ti, acobardaron llamas
que a incendios crecen agora.
Riquezas que te autorizan,
hermosura con que asombras,
discreción con que suspendes,
y calidad que blasonas
debieran privilegiarte
de inclinaciones remotas,

ni durables por violentas,
ni lícitas por impropias.
Yo, en todo tan semejanza
de mi padre que me estorban
sus heredadas desdichas
esperanzas aun en sombra,
¿qué intentaba en pretenderte?
O tú, ¿por qué, burladora,
si a tu empleo me alentabas,
a tus desprecios me arrojas?
Digna de imperios naciste,
ya pisas casi coronas,
un infante te apetece,
con él tus afectos logras.
Virrey Aragón le adula;
quítale dos letras solas
al «Virrey», gozarás, reina,
majestades a mi costa;
que para desocuparte
quien me persigue y te adora
engaños que me vendiste,
me notifica que escoja
o el cuchillo mi garganta
o esta noche por esposa
a la marquesa de la Luna.
¡Proposición rigurosa!
Pues «mar» que empieza en «marquesa»
y «Luna», inconstancias toda,
¿qué han de dar lunas y mares
si no son mudanzas y olas?
Muera yo, Elena, mil veces,
qyue por ti mil serán pocas;
mas porque doña Jusepa,
que ingrato a su amor me nombra,

no se queje de mí, dila
que la coyunda amorosa
del tálamo pide un alma
de sus potencias señora,
y que no es dueño la mía
de sí, porque me la robas
ingratitudes mudables
que tu inconstancia pregonan.
Que si tú me la volvieras,
pudiera ser que en dichosas
correspondencias pagara
finezas que Amor retorna.
Mas, pues me parto a morir,
finge siquiera que lloras
pérdidas de un amor firme;
seránme tus penas glorias
con que, aliviado, fenezca,
pues disminuyan congojas
lágrimas del enemigo
si la compasión las brota.
Pero no llores, condesa,
que si entre le jazmín y rosa
de tus mejillas te atreves
a finezas tan costosas,
podrá ser me resucites;
pues un alma en cada aljófar,
tras la noche de mi muerte,
me dará vida tu aurora.
Y si mil veces me matas
y otras tantas me revocas
de la quietud del sepulcro,
será piedad rigurosa
para que viva, matarme.
La parca el estambre rompa;

que mis desdichas persiggue
y tus venturas te estorban.
Goza, ingrata, al conde infante
y plegue a Dios si le gozas,
que Aragón con su diadema
te ofrezca sus barras rojas;
que yo, si en el otro mundo
se tiene de éste memoria,
y Amor al alma acompaña,
te prevendré protectoras
la Fortuna y las estrellas
porque tu dicha dispongan,
tus esperanzas alegren,
y fertilicen tus bodas.
El alma, Elena, te dejo.
Trátala bien, que fue forma
de un corazón en que estuvo
idolatrada tu copia.
Y adiós, que queda en rehenes
mi palabra, y más importa
morir que vivir quien deja
su fama por sucesora.

(Quiérese ir.)

Elena   Espera, mi bien, y advierte
que aunque airado te retiras,
que no ofenden con mentiras
los que están, cual tú, a la muerte.
Una fortuna, una suerte
una sospecha, un error,
una desdicha, un temor,
nos ocasionan los cielos.
Precipitáronse celos;

celos cegaron mi amor.
	¿Pero, para qué te digo
verdades de mi inocencia
si el tiempo, todo experiencia,
de mi fe ha de ser testigo?
Mientras el hado enemigo
gasta todo su rigor,
¿no será, don Juan, mejor
buscar remedios que basten
para que no nos contrasten
ni el peligro ni el temor?
	Dasme el sí de esposo y dueño

(Déle la mano.) y del modo que las palmas
anudándonos las lamas,
haces de la tuya empeño.

Juan ¡Ay, dulce prenda! Pequeño
mi mérito a tal favor.
Ya moriré sin temor
viviendo tú siempre en mí.
En la brevedad de un sí
te ofrezco un eterno amor.

Elena 	Pues ya corre por mi cuenta
la integridad de tu fama;
no la abrasará la llama
de quien profanarla intenta.
Por la tuya, esposo, asienta
mi honor. Velando sobre él
tú cuidadoso, yo fiel,
conservémosle de suerte;
que aunque se oponga la muerte,
no nos le eclipse el de Urgel.
	Y vuélvete; desempeña

en la prisión tu palabra.
Diamantes mi fe te labra.
Quien piensa ablandarlos sueña.
Medios la industria me enseña
con que, antes que la belleza
del Sol trueque la tristeza
de la noche en alegría,
si logro la industria mía
exageres mi firmeza.

Juan   En manos de tu consejo
queda, Elena, nuestro honor.
¡Qué receloso mi amor
se aparta cuando te dejo!

Elena   La honestidad es mi espejo.

Juan   Sí, pero los de cristal
defiéndense, esposa, mal.

Elena   A más riesgos, más cuidado,
porque en lo más delicado
se desvela el que es leal.

Juan   ¿Si te persiguen?

Elena   Sufrir.

Juan   ¿Si te combaten?

Elena   Vencer.

Juan   ¿Si te prenden?

Elena	Padecer.

Juan	¿Si te apremian?

Elena	Resistir.

Juan	¿Si te violentan?

Elena	Morir.

Juan
>Pues en la fortuna extrema,
mi bien, si dura su tema,
sufrir, padecer, penar;
que en la honra, hasta triunfar
no hay peligros que Amor tema.

(Éntranse por diferentes puertas. Salen doña Jusepa y el Conde.)

Jusepa
>   Mudéme porque os mudasteis,
señor conde; que hasta en esto
imitándoos las costumbres,
me debéis el pareceros.
Dejáisme por la condesa
y así por don Juan os dejo.
De celos éste me abrasa
si aquélla os mata de celos.
Iguales en las pasiones,
una fortuna corremos,
un imposible seguimos,
una desdicha tememos.
Solo nos diferenciamos
en que vuestro amor, ni cuerdo,
ni cortés, ni generoso
—perdonadme, que no puedo

dejar de decir verdades—
con el apetito ciego,
con el poder arrojado,
con la privanza soberbio,
tirano os volvéis de amante
y, atropellando los medios
que la esperanza consiguen
os valéis de los violentos.
Tan leal os ha servido
don Juan que sus pensamientos,
con ser átomos del alma,
no han desmandado deseos
que merezcan reprimirse,
pues con saber de los vuestros
cuán inconstantes se mudan,
solo por haberlos puesto
de burlas en mí, han bastado
a que me pague en despegos
finezas que de algún modo
disminuyen mi respeto.
Dejóme por no dejaros,
perdióme por no perderos;
solicitáisle a su dama,
tenéisle por ella preso,
y amenazáisle la vida.
¡Hazaña digna por cierto
de un infante, de un virrey,
de un señor que, agradeciendo
tal lealtad, tales servicios,
libra a la crueldad los premios,
las venganzas al verdugo,
y su garganta al acero!
Conde infante, yo le adoro,
envidio, lloro, enloquezco,

de imposible amor me abraso,
estoy perdida de celos.
Pero aunque menospreciada
de su ingratitud me quejo
y a la condesa persigo,
no presumáis que pretendo
torcer con las amenazas
la voluntad que apetezco,
ni que a costa de su vida
se venguen mis pensamientos.
Aborrézcame don Juan
y viva, mientras padezco,
siglos, para mí de agravios,
como él se deleite en ellos;
que si en su conservación
mis esperanzas aliento,
¿cómo podré sustentarlas,
yo sin alma y don Juan muerto?
No, conde, no haréis tal cosa;
que es don Juan en este reino
veneración de los mozos,
admiración de los viejos,
el triunfo de las hazañas,
la escuela de los discretos,
la envidia de los Narcisos,
el Sol de los caballeros.
Tiene parientes ilustres,
tiene la condesa deudos,
tiene espíritus amantes,
y yo también, conde, tengo
resolución generosa,
armas, vasallos y esfuerzo
para poner, por librarle,
mi vida y estado a riesgo.

Conde

¡Venturoso en sus desgracias
es don Juan, si alcanzó extremos
en la condesa y en vos
semejantes! ¡Oh, si el cielo
de mi fortuna y la suya
hiciera un lucido trueco,
dándole yo mis estados,
dándome él merecimientos
de tanta experiencia dignos!
Sazonara yo con ellos
pobreza y persecuciones
y no duplicara celos.
Pero aunque culpáis mi enojo,
añadiéndome los vuestros,
no penséis que, destemplado,
porque le envidio me vengo.
Quitóle vida y privanza
a su padre el rey don Pedro
porque, parcial del navarro
se carteaba en secreto
con él, en ofensa suya,
y a no descubrirse intentos
de su fallida lealtad,
alborotara estos reinos.
Don Juan Jiménez, su hijo,
es justamente heredero
de su sangre y sus acciones.
Enseñaros cifras puedo
que al segundo don Enrique
de Castilla remitieron,
y a don Sancho, el de Navarra,
don Juan y otros. Mas, ¿qué es esto?

(Sale un Alcaide.)

Alcaide   Vuestra alteza, gran señor,
advierta que la condesa
de Belrosal atraviesa
solicitudes de amor
   contra la fe y la lealtad
que vuestra alteza me fía.
Corriendo por cuenta mía
la guarda y seguridad
   de don Juan, no han de torcerme
promesas de este papel.

(Dásele y léele para sí el Conde.)

                  Pídeme que huya con él
y promete enriquecerme
   si le saco de Aragón
y en Navarra le aseguro.
Pero yo solo procuro
cumplir con la obligación
   de la lealtad que es mi espejo.

Conde   ¡Disculpad, marquesa, agora
a vuestra competidora!
Decid que llevarme dejo
   de pasiones y venganzas.
Ved si don Juan me sacó
verdadero.

Jusepa (Aparte.)   (Ya sé yo
lo que pueden acechanzas
   que buscan contra su vida
alguna disculpa honesta.)

Alcaide	Doña Elena está dispuesta
	también para la partida.

Conde	Según lo que escribe aquí,
	hüir intenta con él.

Jusepa   Aunque puede ese papel
           ser fingido, haced por mí,
              señor infante, una cosa.
           Podrá ser si la alentáis
           que el efecto consigáis
           de vuestra pena amorosa.
              ¿No decís, alcaide, vos
           que la condesa os escribe
           que esta noche se apercibe
           para salir con los dos
              huyendo de esta corona
           a Navarra?

Conde   Ansí lo afirma
           esta letra y esta firma.

Jusepa   Pues, si la dicha sazona
              mis industrias, no dudéis
           del fin que Amor nos promete.
           Dé a don Juan ese billete
           el alcaide, y vos haréis
              depositar la condesa,
           sacándola de su casa;
           pues, en fe de lo que pasa,
           podéis retirarla presa.
              Estaré yo en su lugar,
           vendrá don Juan, todo amor,

reconocido a favor
tan digno de celebrar.
   Persuadiréle amorosa
que, deudor de mi cuidado,
yo la libertad le he dado,
pues su dama, temerosa
   de culpas que la atribuyen,
sin saberse a dónde, huyó.
En los nobles bien sé yo
lo que obligan y concluyen
   beneficios y finezas.
Siéndolo, pues, don Juan tanto,
ni descortés a mi llanto,
ni mármol a mis ternezas,
   ha de dejar de pagarlas.
Mas, cuando no lo consiga,
y leal a mi enemiga
perseverá en despreciarlas,
   viniendo en su busca vos,
riguroso e indignado
por la prisión que ha quebrado,
y hallándonos a los dos
   solos y juntos, diré
que mi firme voluntad
se arriesgó a su libertad
y que él, pagando la fe
   de mi amor, se ofrece a darme
palabra y mano de esposo.
Imploraréos generoso,
y vos, cortés, al postrarme
   a vuestros pies, ya templado,
diréis que a mi intercesión
confirmáis con el perdón
la palabra que me ha dado.

¿Tendrá don Juan en tan poco
su fama, mi voluntad,
su vida, su libertad
que, por doña Elena loco,
   riesgos a riesgos añada
al poder indignaciones,
a mis quejas sinrazones,
y que no le persüada
   tanto amor, peligro tanto?
No, conde, no lo creáis.
De este modo aseguráis
la salida de este encanto;
   porque cuando don Juan niegue
que el sí me ofreció de esposo,
no será dificultoso
hacer que el alcaide alegue
   haberse hallado presente
a nuestro honesto contrato.
Aborreceréle ingrato
la condesa, y si es prudente,
   por solo vengarse de él,
admitirá vuestro amor.

Conde   Aunque pudiera el rigor
valerse de este papel,
   y atajar con su castigo
estorbos a mi esperanza,
venza por vos mi templanza.
Seréis vos misma testigo
   de que ofendido y celoso
perdono. Vaya, Beltrán,
a la prisión por don Juan.
Persüádale ingenioso
   a que, en fe de ser hechura

de la condesa, que está
esperándole, pondrá
su lealtad en aventura.
    Déle el papel que le ha escrito;

(Vuévesele.)   y en su casa vos, marquesa,
sazonad cuerda esta empresa
mientras yo la deposito,
    y ayude Amor mis quimeras
dando a mis penas salida.

Jusepa (Aparte.)   (Don Juan, libre yo tu vida,
y más que nunca me quieras.)

(Vanse y salen Engracia y Buñol, como preso.)

Engracia   Vengo a verte en las desgracias
de tu prisión cada día
y, ¿hablasme ansí?

(Buñol llorando.)

Buñol   Engracia mía,
no está el tiempo para gracias.

Engracia   ¿Lloras?

Buñol   Lloro, que el de Urgel,
por ser de don Juan criado,
dicen que me ha recetado
las gárgaras de un cordel.
    Lloro la fortuna ingrata
del amor que te he tenido,
pues me juzgué tu marido
y te he de dejar intacta.

        Lloro las temeridades
de don Juan, que siempre necias,
en apreturas tan recias
repara en puntualidades.
        Consiéntele que visite
esta noche, por media hora,
el alcaide a tu señora,
con tal que le necesite
        su fe y palabra a tornarse
a la prisión, dentro de ella.
Sale alegre y suelto a vella,
y cuando pudo escaparse
        del verdugo y el cuchillo,
se vuelve, cumplido el plazo,
a fiar la nuez de un lazo
y morir de garrotillo.
        Si él entonces se escurriera
y, aunque preso, me dejara,
yo después las afufara
y perro muerto les diera.
        ¿No pudiéramos los dos
burlar al conde señero?

Engracia   Romper su fe un caballero
es infamia.

Buñol   Bien, por Dios.

Engracia   Pues el noble y bien nacido
que al valor coronas labra,
si no apoya en su palabra
el crédito apetecido,
        ¿qué honra podrá sacar
su reputación a plaza?

Buñol	¡Gentil honra o calabaza!
	Sacándole a ajusticiar,
	¿para qué diablos será
	en el mundo la honra buena?
	Ésta deleites condena,
	ésta pesadumbres da,
	ésta emborracha ofendidos,
	amotina bandoleros,
	empobrece caballeros,
	y desatina maridos.
	¡No estuviera a cargo mío
	el mundo!
Engracia	Buen lance echara.
Buñol	Honrilla, yo os desterrara
	de todo mi señorío...
	Aunque bien considerado,
	¿dónde podremos hallar
	honras ya que desterrar,
	si en los huesos la han dejado
	sin topar con ningún hombre?
	Pues honra y trato sencillo
	con dignidades de anillo
	que no tienen más que el nombre.
Engracia	¿Sátiras y sentenciado?
Buñol	Pues, ¿quién verdades advierte
	como quien está a la muerte?
	¿Sabes lo que he imaginado?
	Que la honra, la lealtad,
	el valor, la valentía,

68

la virtud, la cortesía,
la fineza, la amistad
   se han vuelto representantes.

Engracia   ¿Qué dices?

Buñol   Verdades digo.
Y si no, busca un amigo
y hallarásle en consonantes;
   que en el tablado remedia
riesgos dignos de admirarlos;
que ya no es posible hallarlos
si no vas a la comedia.
   Busca una mujer constante,
pintarátela el poeta.
Busca una hermosa discreta,
verás la representante.
   Busca un capitán valiente,
y saldrá del vestuario,
un Roldán, un Belisario,
admiración de la gente.
   Busca un padre a quien desvela
una hija descüidada,
saldrá, desnuda la espada,
y en otra mano la vela
   examinando rincones
y registrando tapices.
Busca, aunque no satirices,
lleno de imaginaciones,
   a un marido cuidadoso
de su casa y de su honor,
saldrá al tablado, el color
pálido, atento, dudoso,
   adocenando conceptos

que suspendan al teatro,
levantándose a las cuatro
y en soliloquios secretos
   su venganza [a] disponer,
y después que la fabrique,
arrojar todo un tabique
sobre su pobre mujer.
   Todo esto se representa,
pero ya no se ejercita.
El pesar la salud quita.
Ya dan todos en la cuenta
   y, excusando impertinencias
ni discretas ni seguras,
la amistad ande en pinturas
y el honor en apariencias.

Engracia   Dejémonos de malicias
                  que intolerable te han hecho,
                  y ensanchando agora el pecho,
                  mándame muchas albricias.

Buñol   Mándote quince raciones
                  que a cinco cuartos y un pan
                  razonable pella harán.
                  Mas, ¿de qué me las propones?

Engracia   De que tu señor, su dama,
                  tú y yo esta noche salimos
                  de Zaragoza, y hüimos.

(Sale un Carcelero.)

Carcelero   Buñol, el alcaide os llama
                     y en casa de la condesa

os espera con don Juan.

Buñol   ¿Cómo?

Carcelero   Quedo, que os oirán
                  los presos y se interesa
                     el perdernos o el ganarnos
                  en salir sin que nos sientan.
                  Con el alcaide irse intentan,
                  y él se ofrece a acompañarnos
                     hasta fuera de Aragón.
                  Soy su pariente y le sigo.

Buñol   Retrátome, pues, y digo
                  que hay honra, que hay compasión
                     aun hasta en los carceleros.
                  Yo hablé por boca de ganso.
                  Vamos, y pisemos manso.
                  Noche, no nos saques güeros.

(Vanse. Salen el Alcaide y don Juan.)

Alcaide   Por la condesa he puesto
                  la vida, hacienda y honra al manifiesto
                  peligro del rigor del conde infante,
                  en fe que la condesa me ha criado.
                  El sueño su familia ha descuidado;
                  apresurar la fuga es importante
                  antes que vuelva el día.
                  Aquí os aguarda a escuras, que no fía
                  de la luz el secreto
                  que pide tanto aprieto.
                  Entrad callado y dispuesto prudente
                  la salida de tanto inconveniente;

	que yo, entre tanto, prevendré caballos,
	y fuera la ciudad haré llevallos,
	dando la vuelta luego.
Juan	El apetito, Amor, del conde ciego
	me obliga por mi honor a tanta ausencia.
	Favoreced, estrella, mi inocencia;
	sed mi segura guía;
	que el hüir su rigor no es cobardía.

(Sale doña Jusepa.)

Jusepa (Aparte.)	(Hablar a don Juan siento.
	Buscad, enamorado pensamiento,
	entre las protectoras
	tinieblas de mi engaño encubridoras,
	razones persuasivas,
	de suerte en mi favor ponderativas
	que imaginando soy su doña Elena.
	Airosa salga yo de tanta pena.)
Juan	Hermoso dueño mío,
	¿sois vos la que acreedora
	del alma que os adora,
	a pesar del celoso desvarío
	de un poderoso ciego
	atropelláis estados y sosiego?
Jusepa	Bajad la voz, don Juan, que cohechados
	domésticos criados,
	puesto que estén durmiendo,
	estorbarán sazones que pretendo,
	y no ponderéis tanto
	el ver que a acompañaros me apercibo,

pues si es vuestro el aliento con que vivo,
y faltándome vos, mortal mi llanto,
si un alma nos anima,
un yugo nos conforma,
un espíritu solo nos informa
y una suerte envidiosa nos lastima,
cuando, cobarde, ausente os permitiera
y el temor en mi patria me dejara,
de mí misma homicida ingrata fuera,
el cuchillo yo misma me afilara.
Y así, si amante os sigo,
a mí misma me obligo,
a mí me satisfago,
yo me debo a mí misma, yo me pago.
Mas, dueño de mis ojos,
si la prudencia prevenida impide
con tiempo los enojos,
y con las ondas el marinero mide,
—cuando conspira el mar todo amenazas—
la altura, el fondo tanteando brazas,
reconociendo arenas,
los linos amainando a las antenas
por excusar al náufrago navío
del banco, del escollo, del bajío,
desidchas prevengamos,
prudentes reparemos
en el bien que adquirimos, con que huyamos,
o en el mal a que el ánimo exponemos.
No hagamos incurables
sucesos, aunque fieros, remediables.
Prendióte la impaciencia
del riguroso infante
por competir con él, por ser mi amante,
dorando su violencia

con imputarte insultos
entre el navarro y tu inocencia ocultos.
Huyendo, pues, daremos ocasiones
a las malicias que el furor derrama.
Peligrará tu fama,
y tú, que tan celoso siempre de ella
por solo defendella,
la vida has despreciado,
¿querrás vivir sin honra y desterrado?
Consúltate a ti mismo, y templa celos.
Contradecir los cielos
cuyas disposiciones
no te permiten mío,
es ciego desvarío.
Navegas agua arriba si te opones
a lo que el hado ordena.
La marquesa de Luna
mejorará tu suerte y tu fortuna.
No te merece, ¡ay, triste!, doña Elena.
Paga, aunque muera yo, su fe constante,
despósate con ella.
Obligarás al ofendido infante,
desmentirás a tu enemiga estrella,
no correrá tu fama
peligros afrentosos;
y si temes, bien mío, que la llama
de mis afectos, en tu amor dichosos
puesto que malogrados,
en el infante ocupe mis cuidados,
primero que consiga
su aborrecible intento,
será sólido el viento,
la noche del planeta cuarto amiga,
retrocediendo para nuevos daños

el cielo, el Sol, los ríos, y los años.

Juan   Tan lejos de creer que hablas de veras,
tan fuera de pensar que te has mudado
escucho tus quimeras,
que a sueño los oídos persüado,
y mientras no te veo
y la voz disimulas,
o que te finges la que no eres creo
o que, engañosa, mi temor adulas
o que, si desmentiste
el natural liviano en las mujeres,
trocando lo que fuiste por lo que eres,
por lo que eres desprecias lo que fuiste;
porque prodigio fuera
que en ti perseverara
constancia que venciera,
firmeza que triunfara,
y amor impersuasible,
que mujer y firmeza no es posible.
Aun no ha pasado una hora
que al consagrado nudo
tu mano aduladora
necesitarme pudo,
iy tan presto, inconstante,
desenlazarla intentas!
Olvidárasme amante.
Llorara yo rigores y no afrentas;
pero piadosa ingrata hubieras sido
si agravios no aña dieras a tu olvido.

Jusepa (Aparte.)   (¿Cruel luego a mis males,
de la condesa esposo,
añadiste imposibles conjugales?

¡Ah, cielos riguroso!
¿De qué sirven industrias, trazas, medios
que en vano Amor me advierte,
si después de la muerte
salen desesperados los remedios?)
Sacad luces, criados.
Alumbren mis quimeras resplandores,
pues ya desengañados
ardides de mi amor, quieren rigores
quitarme en su venganza
aun el frágil favor de la esperanza.

(Salen Buñol y Engracia con luz.)

Buñol   Engracia, ¡voces y a escuras!
                    Soplonizado nos han.

Juan   ¡Marquesa!

Jusepa   Ingrato don Juan,
                    ya que mi vida aventuras
                       con la desesperación
                    del hallarte enajenado,
                    ya que imposibilitado
                    das a mi muerte ocasión,
                       no la des a la venganza;
                    que esta noche, si resistes
                    a tu enemigo, entre tristes
                    obsequian de mi esperanza
                       te han de acabar. Esto es cierto.
                    Sal de tan confuso abismo,
                    redímete tú a ti mismo,
                    viv[o] ingrato y no fiel muerto.
                       Triunfe de mí mi enemiga,

y pues no medre quimeras,
suplan tus burlas mis veras.
Permite que al conde diga
  que a las coyundas unidos
del tálamo soy tu esposa.
Dame la mano engañosa,
estudia afectos fingidos
  que al conde puedan templar,
para que huyendo de aquí,
aunque, ingrato, te perdí,
los dos os podáis librar,
  que mientras que al conde aplaques,
yo estorbos allanaré.
Yo, don Juan, trazas daré
para que a tu esposa saques.
  Testigos tienes aquí
cuando la mano me des
que atestiguarán después
la verdad. ¿Qué importa un «sí»
  cuando dice el alma un «no»
que ha de costarme la «vida»
O júzgame mi homicida
o libre la tuya yo.

Juan   Marquesa, aun ansí rehuso
ofender mi esposa bella.

Buñol   ¡Cuerpo de Cristo con ella!
¡Miren qué marido al uso!
  Que may muchos que por mudar
ropa limpia en todas partes
se desposan cada martes.
Sé marido titular
  pues no nos cuesta dinero.

Engracia   Señor, ¿por qué desestimas
                  remedios con que redimas,
                  burlando al conde severo,
                     tu vida y la de tu esposa?
                  Testigos somos los dos
                  de este engaño.

Buñol   ¡Aquí de Dios!
                  Esto de morir, ¿es cosa
                     de sorber huevos? Acaba.
                  Mira que el infante llega.

Juan   Desesperado es quien niega
                  la fe que tu amor alaba.
                     A seguirte estoy dispuesto;
                  seráte de hoy más, señora,
                  mi vida eterna deudora
                  del empleo en que la has puesto.
                     ¡Oh, quién dos almas tuviera
                  para pagar con la una
                  de la marquesa de Luna
                  la piedad más verdadera
                     que a historias dieron motivo!

Jusepa   No hay favor que satisfaga,
                  don Juan, como el que sin paga
                  no está atenido al recibo.

(Salen el Alcaide y doña Elena.)

Alcaide   De suerte os ama el infante
                  que, aunque indignado, os permite
                  vuestra casa. Solicite

78

brevemente vuestro amante
   la jornada prevenida,
que yo, como os ofrecí,
cumpliré la fe que os di
aunque aventure la vida.

(Vase.)

Elena (Aparte.)   (No alcanzo, confuso cielos
el fin de mi suerte escasa.
Sacóme el conde de casa
culpándome sus recelos,
   ¿y restitúyeme agora,
cortés y amante? ¡Ay de mí!
Algún engaño hay aquí
que en su ofensa el alma ignora.
   Pero, ¿no es aquél don Juan?
¿La marquesa, no es aquélla?
¿Libre en mi casa y con ella?
Ya mis sospechas se van
   convirtiendo certidumbres.)

Jusepa   ¿De qué sirve encarecerme
los que confiesas deberme
para aumentar pesadumbres?
   No excedas de agradecido;
que si es mi vida la tuya,
cuando te la restituya,
suficiente paga ha sido
   el permitirme llamar,
del modo que hemos trazado,
tu esposa.

Elena (Aparte.)   (¿Cómo? ¡Ay, cuidado!

¿Esto venís a escuchar?
    ¿De doña Jusepa esposo
don Juan, y que él lo confiesa?
¿Su vida de la marquesa
deudora? Amor engañoso,
    no me permitáis más viva.
Salga el alma por los labios.
Ponzoña son los agravios.
A su pena se aperciba
    quien los engendra en mi pecho.
Muera y mate mi dolor.)

(Salen el Alcaide, el Conde y otros.)

Alcaide   Éste es don Juan, gran señor.

Conde   No lograrás satisfecho,
                         ingrato, desconocido
                     a tu lealtad, a tu ley,
                     a tu patria, y a tu rey,
                     y al favor que me has debido,
                         la fuga con que confirmas
                     delitos que disfrazaste,
                     y de tu padre heredaste.
                     Tus papeles y tus firmas
                         disculparán la aspereza
                     con que el rigor te amenaza.
                     Mañana verá en la plaza
                     este corte tu cabeza.

Jusepa   Corta primero la mía,
                     si en tanta severidad
                     pierde el blasón la piedad
                     que en ti mi esperanza fía.

                    Don Juan, gran señor, se ofrece,
              si tu indignación mitigo,
              a desposarse conmigo.
              Lo que la envidia encarece
                    desmentirá de este modo.
              No salga con su interés
              la malicia. En estos pies
              consiste mi amparo todo.

Conde   Alzad, señora, del suelo.
              Discreto don Juan ha andado
              en valerse del sagrado
              que en vos imita al del cielo.
                    Daos las manos, que yo doy
              por ellas su libertad.
              Vuélvale vuestra beldad
              a mi gracia; que desde hoy
                    agravios pongo en olvido.

Juan   Si tanta suerte intereso
              por esta mano que beso,
              feliz mi desdicha ha sido.
                    En ella mi suerte fía
              mi seguridad.

(Vala a dar la mano y apartándosela doña Elena dice.)

Elena   ¡Traidor!
              ¡Y tu dios, mi fe, mi amor!

Juan   ¡Esposa del alma mía!
                    ¿Vos presente y yo inconstante?
              ¿Yo cobarde y vos leal?
              Perdone el riesgo mortal

que tiene el temor delante.
Perdone el severo infante,
la marquesa compasiva,
la Fortuna ejecutiva,
las plebeyas opiniones,
las piadosas persuasiones,
que sin vos quieren que viva.

   Que, puesto que la clemencia
de la marquesa me nombra
su esposo, no más que en sombra,
su consorte en la apariencia;
sombra en vuestra presencia
se atreve a desposeeros
de los derechos primeros
que el tálamo pudo daros
ni aun en sombra ha de agraviaros,
ni en apariencia ofenderos.

   Conde, en esta hermosa mano

(Dásela.) dos almas enlaza Amor
cuyo nudo es el honor,
cuyo imperio es soberano.
Desatarle será en vano
mientras conformes y unidas
sus coyundas no dividas.
Si a Alejandro has de imitar,
y el romper es desatar,
rompe el lazo a nuestras vidas.

   Pero si el rey te encomienda
su imperio, y toda tu acción
consiste en la obligación
de que por ti se defienda,
reino es mi honor. No pretenda
ningún tirano usuparle;
que sabrá mi fe guardarle

y mi valor defenderle.
¡Perderme por no perderle,
y morir por conservarle!

(Saca la espada y llévase a la Condesa.)

Conde   ¡Id tras ellos! ¡Deteneldos!
                 ¡Que un hombre se atreva a tanto!

(Vase.)

Jusepa   Encubridlos, cielo santo.
                 Noche oscura, defendeldos.

Buñol   ¡Ah, azadas toscas! ¡Oh, bieldos!
                 ¡Oh, tasajos labradores!
                 Seguros de estos temores,
                 ¿quién fuera vuestro gañán?

Jusepa   Líbrese, cielos, don Juan
                 y mátenme sus rigores.

                 Fin de la segunda jornada

Jornada tercera

(Salen don Juan como preso, y don Alonso.)

Alonso
Mándame que os sepulte
en esta fortaleza
y, porque mi piedad no dificulte
tan desconforme acción a su grandeza,
le han de dar dos testigos
fe de que muerto os vieron.
No sabe que los dos somos amigos,
y así la infeliz noche que os prendieron
—si resuelto valiente, no advertido—
me encargó vuestra guarda
y la acepté gustoso, porque ha sido
acción de la amistad, cuando es gallarda,
tomar por cuenta suya su suceso;
pues a teneros otro que yo preso,
¿quién duda que al infante obedeciera
y ejecutor de vuestra muerte fuera?
En fin, amigo, en tan preciso extremo
temo al infante, daros muerte temo;
mas si admitís la traza que aventuro,
vos viviréis y yo estaré seguro.
Ved si os parece cuerda
porque os vos no os perdáis o no me pierda.

Juan
Finezas habéis hecho
por mí tan ventajosas
que, dejándose atrás las fabulosas
de los Damones, Pílades, Zopiros,
admirarlas podré; mas no serviros
de suerte que a mi empeño satisfaga,
que al primer beneficio nunca hay paga.

Pero, si con mi muerte
sosiega la fortuna tempestades
y la enemiga suerte
templa en mi esposa bárbaras crueldades
con que el infante intenta
rendir su honesta fe para mi afrenta,
¿no son medios mejores
que yo desdichas venza y vos temores?
Tiénenla sus crueldades retirada,
de estados y opinión desposeída,
y tan necesitada
que aun para lo forzoso de su vida
desea la condesa
las sobras de la más mediana mesa.
Sus parientes, su misma sangre huye
ampararla, fingiendo aborrecerla;
que como la atribuye
el conde tanto insulto y, por torcerla
con la necesidad, muestra procesos
de ilícitos excesos,
tiemblan manchas de honor prudentes todos
como se le faltara al poder modos
para verificar cualquier quimera
contra sus enemigos,
y en las cortes el oro no supiera
las firmas falsear y los testigos.
Muriendo yo, serenarán los cielos,
volverá a su opinión mi esposa bella,
casaráse con ella
el conde sin estorbo de mis celos,
no temerá mi honor que le desdoren.
Podrá ser que me lloren
mis mismos enemigos,
de mi lealtad testigos,

puesto que el interés su pecho abrase;
que no hay rencor que del sepulcro pase.

Alonso   La desesperación es cobardía
indigna del valor que el cielo os fía.
Yo he de afirmaros muerto.
Un primo y un hermano
tengo aquí y sé de cierto
que vituperan el rigor tirano
con que el conde os persigue.
Siendo mi sangre, pues, y ésta piadosa,
no es mucho que se obligue
a fingir la tragedia lastimosa
de vuestra muerte oculta.
Persuadiránle, pues, que aquí os sepulta,
en fe de su precepto,
la noche, la obediencia y el secreto.
Mostrarémosle luego ensangrentados
los tres vuestros vestidos.
Sosegará el recelo a sus cuidados,
y con otros groseros y fingidos,
huyendo de las manos de la muerte,
tendrá que agradecerme vuestra suerte.
O resolveos en esto
o no os agrvie que a mi noble trato
os imagine ingrato.

Juan   Segunda vez por vos me engolfe, expuesto
al mar de los peligros, que excusara
si en el sepulcro los depositara,
porque alargar la vida a un desdichado
no es piedad, es rigor disimulado.
Pero en efecto, amigo,
mi gusto por el vuestro contradigo.

Muera yo para todos,
viviré para vos, para mi Elena.
Deberáos los alivios de su pena.

Alonso   Sí; mas, don Juan, ya veis si el conde alcanza
que estáis libre por mí que a su venganza
me expongo.

Juan   Siempre anduvo recatado,
don Alonso, el Amor acompañado
de honor y de recelos advertidos.
Perdedlos vos, y apercibid vestidos
que deslumbren curiosas atenciones,
pues sigo vuestras fieles persuasiones
entretanto que llega
nuestro rey; que me afirman que navega,
Cerdeña sosegada,
a Barcelona su triunfante armada;
que en mi inocencia y su justicia espero
ardides deshacer del conde fiero.

(Vanse. Sale Engracia llorando, que trae unas almohadillas. Serán de flancas que se abren y las cubiertas de tafetán o raso negro y un azafata de labores curiosas y doña Elena en hábito muy llano.)

Elena   Yo, mi Engracia, te agradezco
la lástima y compasión
que deben a tu afición
las desdichas que padezco;
    pero a los ojos perdona
de tu fe tantas señales,
que no son males los males
que Amor con gustos sazona.
    ¿Ves los temosos rigores

con que el infante cruel
intenta que de tropel
su crueldad y mis temores
    den con mi firmeza en tierra?
¿Las culpas que a mi lealtad
levanta? ¿La falsedad
cohechada? ¿Que me destierra,
    presa a vista de la corte,
porque el tenerla presente
más mis pesares aumente,
menos mis ansias reporte?
    ¿Los estados que me quita?
¿La hacienda que enajenada,
y al fiscoreal aplicada,
lo preciso me limita?
    ¿Parientes que se resuelven
en usurparme mi estado,
que para el que es desdichado
deudas los deudos se vuelven?
    ¿El extremo a que me humilla?
¿La estrechez con que estoy presa,
pues necesita mi mesa
socorros de la amohadilla?
    Pues aumenten desleales
amenazas y rigores;
que cuanto fueren mayores,
hay un bien entre estos males
    con que endulzándose van,
sin que igualen todos ellos
al gusto de padecellos
doña Elena por don Juan.

| Engracia | Yo, que tus trabajos siento,
sin esa ayuda de costa, |

como tengo más angosta
el alma y el sufrimiento,
   llevo sin paciencia el ver
que si no labra o dibuja
curiosidades tu aguja,
no tenemos qué comer.
   ¿Condesa y necesitada
a que nos compre una tienda,
lo que tu valor la venda,
de tus deudos olvidada,
   y del conde perseguida?

Elena   Así, Engracia, haré mayor
la alabanza de mi amor;
que, puesto que encrecida
   Penélope —porque ausente
su consorte, los veinte años
entretuvo con engaños
tanto amante pretendiente—
   como no necesitaba
de la tela que tejía,

(Siéntase a hacer labor.)

si de noche deshacía
lo que con el Sol labraba,
   no fue mucha sutileza
—cuando la necesidad
no apretaba en su lealtad
cordeles de la pobreza—
   la de su ardid engañosa,
ni gran cosa deshacella,
no habiendo de comer de ella.
Dejóla rica su esposo;

90

que para obligarla basta
y sobra. El milagro fuera
hallarla, cuando volviera,
perseguida, pobre y casta.

Engracia   Para todo hallas salida.
Celebre el mundo tu amor.
Tus discursos y labor
te alivien entretendida.
   Entretanto que llevo ésta
a quien medra en su barato,
habla con ese retrato,
enamorada y honesta;
   que es solamente el caudal
que escapó del conde infante.
Tenle tú siempre delante
que no hay bien para ti igual.

(Sobre la puerta esté un retrato de don Juan todo entero.)

   Daréme toda la prisa
posible para volver
a aliñarte de comer;
que, pues que el hambre guisa
   manjares de sazón llenos,
y para ella no hay pan malo,
si no hallare otro regalo
los duelos con pan son menos.

(Vase. Elena hace labor mirando a veces el retrato y sale don Juan, de labrador, con capote de dos aldas y caperuza, en cuerpo.)

Juan (Aparte.)   (Deseo, en violencia tanta,
resistirme. Es por demás.

Los pasos que doy atrás
mi amor me los adelanta.
   Mi muerte se ha divulgado;
este traje me asegura.
Teme mi corta ventura
si a la noticia ha llegado
   que no vivo de mi esposa,
o que se quite la vida
o que pobre y perseguida
se rinda su fe animosa.
   Asegurarla es mejor,
y excusaré de esta suerte
o los riesgos de su muerte,
o los que teme mi honor.
   Pero, ¡ay cielos! aquí está,
que no exhalaran las flores
de esta quinta los olores
que su hermosura les da
   a faltarles su presencia.
Labrando está. Calidad
en que la honesta beldad
hace al vivo resistencia.
   Mi muerte sin duda ignora,
porque a saberla bordara
el cambray desde la cara
con las perlas que amor llora.
   Niño dios, desde estas murtas
examinemos primores,
pues para ti no hay favores
como los que escondido hurtas.)

(Al retrato.)

Elena   Bien mío, podreos decir

92

que si os he de contemplar,
ni con vos podré labrar,
ni sin vos podré vivir.
Imposible es resistir
la vista, en cuyos despojos,
olvidados mis enojos
y mis sentidos en calma,
se va la atención al alma,
y ésta tras vos por los ojos.
    Mirad, mi bien, que le rigor
con las armas del poder,
para darme de comer,
me ejecuta en la labor.
Por conservar vuestro honor
es sabroso este cuidado,...

(Pícase un dedo con la aguja y exprímese la sangre.)

¡Ay, cielos! ¡Ay, dueño amado!
Hasta mudos lisonjeros
me venden tan caro el veros
que la sangre me ha costado.
    Presagio funesto ha sido.
¡Sangre, amores, por miraros!
Sacaránla por sacaros
del pecho en que habéis vivido.
Mas démosle otro sentido
favorable a mis antojos
por divertir mis enojos.
Digamos contra mi miedo;
que a veros se asoma al dedo
envidiosa de los ojos.

(Han caído sobre la labor dos gotas de sangre.)

Manché al cambray la pureza,
mas juntos están mejor
con la sangre de mi amor
lo blanco de mi limpieza.
Armas son de la fineza
que mi amor conservar trata.
Viértala la suerte ingrata,
que no parecerán mal
dos finezas de coral
en campo honesto de plata.
Atarla quiero un listón;

(Sácale de la almohadilla negro y átasele.)

que si a mi esposo ha buscado
más al vivo retratado
le tiene en mi corazón.
En la común opinión
no tiene Amor otra hacienda
que la sangre en que se encienda
y, si sois su aliento vos,
fineza es que andéis los dos,
Amor y sangre, con venda.

Juan (Aparte.)   (¡Dichosas persecuciones
pues compraron tan barato
las glorias para un retrato
que envidian mis atenciones!
Volved otra vez, prisiones.
Medrará con vuestra usura
experiencias mi ventura
ya feliz, ya no cruel.)

94

(Halla dentro de la caja Elena un papel cerrado.)

Elena   ¡Válgame Dios! ¿Qué papel
                         turbar mi quietud procura?
                            ¡Ah, Engracia! No es tan leal
                         la fe que tu amor profes.

(Lee.)   «A doña Elena, condesa...
                         —¡Ah, cielos!— ...de Belrosal...»

Juan (Aparte.)   (¡Qué prevenido fiscal
                         de mis gozos fue el recelo!
                         ¡Qué presto marchita el hielo
                         las flores de mi esperanza!
                         ¡Qué en breve el mar en bonanza
                         se empieza a turbar mi cielo!)

Elena   No habéis vos, papel, venido
                         a patrocinar mi honor;
                         que indicios da de traidor
                         el extranjero escondido.
                         Pero habéis cuerdo escogido
                         el sitio que aquí os oculta,
                         pues de su hechura resulta
                         un sepulcro y, si se advierte,
                         profeta fue de su muerte
                         quien en vida se sepulta.
                            Como la víbora envuelta
                         en la flor, que el hortelano
                         apenas la vio en la mano
                         cuando medroso la suelta,
                         ansí asustada y resuelta
                         tiemblo vuestra contagión.
                         No os leerá mi turbación;

que quien recela el engaño
y le escucha, ya a su daño
da tácita permisión.
    Volad, llevadle en pedazos
a vuestro autor la respuesta.

(Arrójale en cuatro pedazos.)

Juan (Aparte.)   (Hazaña que es tan honesta
                      corónese con mis brazos.
                      Voy a darla mil abrazos.)

Elena   Pero,... inadvertencia mía,
                      más de mí mi amor confía,
                      porque hüír antes de ver
                      del enemigo el poder
                      es cupable cobardía.

(Levántase y coge los pedazos.)

Juan (Aparte.)   (Detente, mi bien, no admitas
                      indicios que la honra teme,
                      pues mancha, cuando no queme,
                      el fuego que solicitas.)

(Asiéntase.)

                      Palabras al aire escritas,
                      experimentad en mí;
                      que, pues que audiencia os di,
                      soy de la lealtad trasunto.
                      Los rotos pedazos junto.

(Junta los pedazos sobre la almohada.)

Juan (Aparte.)   (¡Ah, cielo!)

(Lee.)

Elena   Y dicen ansí:
                              «En la muda oscuridad
                              de esta noche sola estriba,
                              condesa, que don Juan viva
                              y vos cobréis libertad.
                              Feriadme vuestra beldad,
                              y advertid que es sin provecho
                              querer guardar en el pecho
                              el honor que me resiste,
                              porque éste solo consiste
                              en el nombre y no en el hecho.»
(Levántase.)   Mientes, torpe adulador,
                              que no es virtud suficiente
                              la que celebra la fente
                              si en sí no tiene valor.

(Hácele añicos y arrójale.)

                              Hipócrita es el honor
                              que temiendo al «qué dirán»
                              de la opinión que le dan
                              inútil crédito espera.
                              ¿Qué importa que don Juan muera,
                              si muere honrado don Juan?
                                  Ya mi sangre por primicias
                              he consagrado a su fama;
                              que la que aquí se derrama
                              ganó al honor las albricias.
                              A desvanecer malicias

me lleva mi impulso honesto.
Responderé al descompuesto
infante resoluciones
que avergüencen persuasiones
de su amor. Pero, ¿qué es esto?

Juan (Aparte.)   (Gente ha entrado. Dilatemos
a coyuntura mejor
el manifestar, Amor,
de mi gozo los extremos.
A la noche volveremos,
donde pague mi ventura
empeños de esta pintura,
mostrando su original
por una Elena leal,
la firmeza en la hermosura.)

(Vase. Sale doña Jusepa, de luto.)

Jusepa   Condesa, don Juan es muerto;
que piensa el conde engañoso
facilitarse esperanzas
quitándolas este estorbo.
Yo vi, en su sangre bañados,
los vestidos generosos,
flores de un mayo apacible
que ya ha secado el agosto.
Negará el conde crueldades,
ofreciéndote a tu esposo
vivo y libre; que pretende
este cambio en tus oprobios.
Pero si de estos ardides
no sale su engaño airoso,
cuando viudeces te enluten,

está prevenido de otros
que burlen tus esperanzas,
prometiéndote, en retorno
de posesiones presentes,
imposibles desposorios.
Alegará que, ya libre
del cautiverio amoroso
que enajenó tus potencias
enlazo al tálamo roto,
mejoras con él de dueño,
asegurando los votos
que en sus futuras coyundas
truequen tu pesar en gozos.
Ofreceráte la mano;
mas no, condesa, no ignoro
que en la sangre de tu dueño
bañada te cause asombros.
Los escarmientos te enseñen
que el deseo caviloso
vuela en promesas de pluma
y cumple en plazos de plomo.
Ejemplo, casada, diste
a que te celebren todos;
añade, viuda, a tu fama
los prodigios mauseolos.
No te acobarden los riesgos
con que aleves testimonios
se oponen a tu inocencia,
pues tiene el tiempo dos rostros,
y si te asombra el horrible,
enseñandote el piadoso,
verás que al fin la verdad
corre al engaño rebozos.
No la pobreza que pasas

te precipite tampoco;
riquezas y estados tengo
dispuestos a tu socorro.
Ídolo de don Juan fuiste;
como tal te reconozco.
Los bienes de los difuntos,
plebeyos o generosos,
se ponen en almoneda.
Imagina, pues, que compro,
en fe que eres prenda suya,
su amor en ti, y que transformo
en tu pecho mis cuidados;
en él a don Juan adoro,
la casa en que está, la prenda,
la joya y el escritorio.
Ya se nos descubre el puerto,
ya del conjurado golfo
que tanto te ha derrotado
la playa nos muestra Apolo.
Si hasta agora naufragste,
presto darán penas fondo
en la venganza que espero
del rey, afable y piadoso.
Las costas de Cataluña,
sosegado el alboroto
de los sardos, nos le ofrecen
en sus arenales rojos.
En busca suya me parto.
¿No creas que, si me postro
a sus siempre invictos pies,
si en tu inocencia le informo,
si del sangriento homicida
las crueldades le propongo,
sus desatinos le cuento

y sus favores imploro,
que a la sabrosa venganza
niegue amparos, huya el rostro,
iras temple, olvide insultos,
mire ciego, escuche sordo?
Mañana me parto a verle.
Alivia este plazo corto
congojas con el deseo,
que he de vengarte si torno.
Y adiós, amiga del alma,
que este nombre nos es propio,
pues ya en desdichas iguales
tus mismas fortunas corro.

(Vase [doña Jusepa. Habla doña Elena] al retrato.)

Elena   No extrañáis, caro inocente,
el silencio que en mis ojos
niega conductos al llanto
y al tormento desahogos;
que penas que hallan salida
rompiendo al pesar estorbos
y, para alivio del alma,
puedan dilatarse al rostro.
No son ansias, no son penas.
Aquel río, sí es furioso,
que en la estrechez de la madre
no se divide en arroyos;
mortal, sí, aquel sentimiento
que al corazón busca solo
y sin derramar sus fuerzas,
asalta su imperio angosto.
Lloren pesares pequeños,
en fe de que son tan flojos

que, desatándose en agua,
libran la paga en sollozos;
que si es quinta esencia el llanto
de la sangre que provoco
a la venganza que intento,
y desperdicio el socorro
que en ella mi agravio espera,
¿de qué suerte, caro esposo,
consegguiré sus afectos
si inadvertida la arrojo?
Creyó el aleve homicida
desanudar amorosos
lazos que con verdes nudos
medró la hiedra en el olmo.
Cortó sus ramas la muerte;
mas permaneciendo el tronco
puesto que seco y sin vida,
¿qué importa, si éste es su apoyo?
No están sujetas las almas
al cuchillo riguroso,
ni a la duración caduca
amor de los cuerpos toscos.
Inseparable con ella
se parte al clima remoto
donde eternice deleites
y el pesar no asalte al gozo.
Mi amor, malogrado mío,
como accidente forzoso
del alma que tras vos vuela,
os sigue a los dulces ocios
de la quietud que os alista;
que bien puede —aunque no rotos
lazos del cuerpo— buscaros
en éxtasis y en arrobos.

Vivo el engaño os me ofrece,
del conde tirano estorbo,
en cambio de la torpeza
que le ha despeñado loco.
Venzan engaños a engaños,
ardides triunfen de oprobios,
crueldades paguen crueldades,
agravios castiguen monstruos.
A la torpeza me llama
con un papel y con otro.
Las ansias disimulando
que dentro del alma escondo,
haré que esta noche venga
a dar motivo hazañoso
a los libros, a las plumas,
al escarmiento, al asombro,
de que no siempre ha postrado
al humilde el poderoso,
el engaño a la inocencia,
ni a la honestidad el oro.
Porque yo, prenda querida,
serviré de ejemplo a todos
de que no temen peligros
finezas con que os adoro.

(Vase. Sale don Juan cubriéndose la cara con el capote, y Buñol que va tras
él buscándole el rostro.)

Buñol   Hombre del diablo, ¿qué quieres.
                 que no hay echarte de aquí?
                 ¡Una hora andando tras ti
                 y nunca saber quién eres!
                    Sombra, trasgo, labrador,
                 mirémonos por su tanda,

que parece que se te anda
la cabeza alrededor.

(Buscándole la cara por los hombros.)

Habla siquiera tantico.
detente, que me enloqueces.
¡Vive el cielo! Que pareces
remate del villancico:

«Linda aplicación te di,
pues tus plantas nunca quedas:
Hollando las flores,
cruzando veredas,
corriendo y saltando
de aquí para allí,
enturbian las fuentes,
inquietan las ramas,
tras por acá, mas tras por aquí;
y las hojas de las retamas
parecen estrellas
que imitan las llama
y cantan al alba
su quiquiriquí:
tras por acá, mas tras por aquí.»

Vete, ya que no te he visto,
pues que la puerta te muestro.

(Éntrase por las piernas y saca el rostro Buñol por entre ellas, dscubriendo el de don Juan.)

Ésta es treta de maestro.
¡Cogido os he, vive Cristo!

¡Don Juan! ¡Señor de mi vida!
Pues, ¿tú con Buñol cruel,
en la lealtad lebrel?
¿Es ésta paga debida
    a lo que por ti he llorado?
¿Tú escrupuloso conmigo?

Juan   Téngote por mi enemigo.

Buñol   Será por verme criado
    de quien debo aborrecer,
pero fineza fue mía
servirte de doble espía,
y tal vez de entretener
    resoluciones violentas
del conde descaminado.

Juan   Poco sirvió tu cuidado
pues no reprimiste afrentas
    que algún doméstico vil
contra mi honor solicita.

Buñol   Engracia al conde visita,
y su interés feminil
    me ocasiona a maliciar
el «plegue a Dios» de la aldea,
con lo de «orégano sea».
Pues tanto salir y entrar,
    volviendo a la luz la espalda,
y oliendo el poste primero,
como gozque forastero
entre perrillos de falda,
    darme un mantazo en los ojos
y andarse cuchicheando

con el infante, buscando
rincones, son trampantojos.
     Anoche estuvo con él
y no sé lo que la dio;
que hasta el amnto se rio
al despedirse.

Juan   Un papel,
                  contra su lealtad Bellido,
contra mi quietud Sinón.
En fin, con tanta atención,
¿se te ha, Buñol, escondido
     la muerte que don Alonso
afirme de mí al infante?

Buñol   Vivas más que un elefante,
sin agüeros de un responso.
     Algún ardid provechoso
te dio libertad y vida.
No es bien que agora te pida
cuenta de él, porque es forzoso
     que el Sol que se nos desmaya
con la noche traiga al conde.
Por esas matas te esconde;
volveré cuando se vaya.

Juan   Dame esa capa y espada;

(Dásela[s] con el sombrero.)

               que, puesto que mi obediencia
por señor le reverencia
y en él tengo retratada
     la person de mi rey

	pues gobierna en su lugar, defender y respetar me mandan mi honor y ley.
Buñol	Bien pueden compadecerse esas dos cosas, mas mira...
Juan	La lealtad templa la ira, y el honor saber valerse de su derecho y acción. Yo procuraré cumplir con uno y otro, o morir.
Buñol	Si lo estás en su opinión, como afirmas, no ocasiones que le estés con certidumbre.
Juan	No teme amor.
Buñol	Dios te alumbre en los riesgos que te pones. Voyle a esperar a la puerta. Los biombos de estas ramas, ya romeros, ya retamas, te encubran; que, pues despierta la noche y el Sol se duerme, no puede el conde tardar.
(Aparte.)	(¡Maretas, y yo en el mar! Un dedo estoy de perderme.)

(Vase. Sale Engracia.)

| Engracia | Amor, si al conde has traído,
y en prueba de que eres dios |

le avisaste por los dos
de imposibles que ha vencido,
   su amor queda satisfecho,
y con no más que una acción
libro a don Juan de prisión,
a su Elena del estrecho
   en que está, y yo medro albricias
que el pie me saquen del lodo,
luego serán para todo
provechosas mis malicias.
   Pero, ¡ay cielos! ¿Quién se esconde
aquí? ¿Si acaso me oyó?

([Don Juan] rebozado. Detiénela.)

Juan	No temas, Engracia.
Engracia	¿No? Pues, ¿quién sois vos?
Juan	Soy el conde.

Engracia	¿Conde, y no más? ¿Sin abrazos?
	¿No habéis vos dichas oído
	que mi gozo inadvertido
	desperdició? Acorto plazos.
	   Conde, no hay artillería,
	sacre, esmeril, escopeta,
	que en una mujer discreta
	allanen la batería
	   como un papel sazonado,
	que vuela por lo ligero,
	mueve por lo lisongero,
	hechiza por lo estudiado,

  y por lo amoroso abrasa.
Poco las palabras valen;
que por donde entran se salen,
y un papel se queda en casa
  que repite la lección,
y sin perdonar al sueño,
patrocinando a su dueño,
facilita la ocasión.
  Más pudo vuestro papel
que promesas, amenazas,
blanduras, rigores, trazas;
pues mi señora por él
  os llama, os quiere, os admite,
y puesto que no os escriba,
por ser yo respuesta viva,
franca la puerta os permite
  donde, obligándoos galán,
en fe de lo que os estima,
con sus desgracias redima
la vida de su don Juan.
  Ya conocéis su recato.
A escuras, conde, os espera;
que la luz es bachillera.
Entrad solo de aquí a un rato,
  y gozad, pues os le ofrece,
de las sombras el sosiego;
que como el Amor es ciego
las tinieblas apetece.

(Vase.)

Juan   ¡Válgame Dios! ¿Qué he escuchado?
       ¿Qué me ha dicho esta mujer?
       ¿Arrojaráse a creer

imposibles mi cuidado?
¿Tan cerca, honor lastimado,
puede en la belleza andar
el querer del desdeñar?
¿Del negar el permitir?
¿Que sea el fin del pedir
principio del otorgar?

    ¿Al conde? ¡Cielo! ¿Al infante,
quien para vengarse de él
mil piezas hizo el papel
que admiró su fe constante?
¿En una hora, en un instante,
desdén y consentimiento,
amor y aborrecimiento,
facilidad y firmeza?
¿Tendrán tanta ligereza
el ave, la pluma, el viento?

    ¿Qué importó romper razones
por no obligarse a creellas
si después, para leellas
volvió a juntar sus renglones?
¡Qué de necias presunciones
al honor han despeñado!
Leyóle, y como el cuidado
no dio crédito al temor,
rasgó honesta el borrador
y torpe guardó el traslado.

    Intolerable pensión
del tálamo Amor recibe,
¡válgame el cielo!, que escribe
en sueños nuestra opinión.
Sueños las mujeres son.
¿La primera no se cría
entre sueños? ¿No dormía

entonces su esposo y dueño?
Luego, si no es más que un sueño,
loco es quien en sueños fía.

(Salen el Conde y don Alonso.)

Conde   En el alma me pesa
de mi resolución y vuestra priesa.
Mandéos darle muerte;
mas no os creí de modo ejecutivo
que, presuroso en malograr su suerte,
muerto me asombre quien me ofende vivo.
Vos fuistes, en efe[c]to
más fiel que yo quisiera a mi prece[p]to.

Alonso   Gran señor, el deseo
que tuve de agradaros...

Conde   Déboos esa fineza, ya lo veo;
desempeñarme pienso con honraros
cual merecéis. Llegó mi piedad tarde.
Andad con Dios.

Alonso   Mil años Él os guarde.

(Vase.)

Conde   ¡Ah, joven malogrado!
Mi amor desbaratado,
báarbaro jardinero,
cortó las flores de abril primero.
¡Oh, si como el poder las vidas quita
pudiera restaurarlas!
El cielo para el bien nos le limita

111

y nos deja el pesar para llorarlas.
¡Pluguiera a Dios me hiciera el desengaño
poderoso en el bien como en el daño!
Diviértase mi pena
con la tiniebla oscura
que, propicia a mi amor, torcer procura
el rigor invencible de mi Elena.
En busca voy de Engracia.
Si me promete mi papel su gracia,
de puro amante loco,
poco premio es mi estado, el reino es poco.

(Vase.)

Juan   A mi deshonra acude.
¡Qué fácilmente darle muerte pude!
¡Que de ello a mi respeto me he debido!
A mí mismo me estoy agradecido.
Vamos, honor, a averiguar quimeras;
que aun dudo si las sueño.
No morirá el infante, que es mi dueño;
yo sí, pesares moriré de veras,
ya que lo estoy fingido,
si es verdad que mi esposa me ha ofendido
y estima en más mi vida que su fama,
que no teme morir quien su honor ama.

(Vase. Sale doña Elena de luto, como de noche, con una pistola.)

Elena   Simbolizan los horrores
de esta negra oscuridad
con la viuda soledad
de mis difuntos amores.
Vístanse de mis colores,

pues unos y otros mortales,
a imitación de mis males,
iguala una misma suerte
las tinieblas y la muerte
que a todos nos hace iguales.
    De las dos valerme entiendo
porque, injurias castigando,
muera contenta matando,
pues ya viviré muriendo.
Al descuido está durmiendo;
despierte en mí mi cuidado.
Veréis, dueño malogrado,
que ni amor sabe temer
ni es poderoso el poder
si apura desmasiado.

(Salen Buñol y don Juan.)

Buñol   Esta sala es la que habita
y aquélla en la que reposa;
su oscuridad temerosa
verla te imposibilita.
    Guiándote voy a tiene;
que de las veces que entré
de memoria el sitio sé.
Refrena tu sentimiento,
    por Dios, y hacia aquí te esconde.
Sabré si vino el infante,
y avisaréte al instante.

(Vase.)

Elena   ¡Oh, si ya llegase el conde!

Juan	¡Vida el cielo! Que le aguarda
	y que su amor impaciente,
	olvidado de mí, siente
	siglos las horas que tarda.
	¡Oh, indicios averiguados!
	No imaginé yo creeros,
	mas para ser verdaderos
	bastaba ser desdichados.
	No por darme libertad
	atropella obligaciones
	quien de breves dilaciones
	se queja a la oscuridad.
	Solamente en su firmeza
	se conservaba mi vida.
	Muramos, está perdida,
	ella y yo, pues no hay belleza
	que se resista constante.

Elena (Aparte.)	(Parece que habla entre sí
	no sé quién. ¿Si conseguí
	mi esperanza?) ¿Es el infante?

(Llégase y don Juan disimula la voz.)

Juan	Soy quien, como acostumbrado
	a desprecios y rigores,
	incrédulo a los favores
	que Amor me ha facilitado,
	admirando lo que escucho,
	dudo de lo que no veo.

Elena	Imitáis a mi deseo;
	que os juro, conde, que ha mucho
	que trazaba esta ocasión,

114

puesto que el vivir mi esposo
sirvió de estorbo forzoso
que enfrenó su ejecución.
   Mas, pues ya le goza el cielo,
y vos, por librarme de él,
de puro amante cruel,
aseguráis mi recelo,
   dueño de mi libertad,
despondré de ella y de mí.

Juan

Luego, ¿ya sabéis que abrí
puerta a mi felicidad
   con su muerte?

Elena

                En sus despojos
me enseñaron mal vertida
la sangre que el homicida,
poniéndomela a los ojos,
   quiso que en exceso tanto
mi pesar la costa hiciese
porque por ellos vertiese
su sangre el alma en mi llanto.

Juan (Aparte.)

(Don Alonso fue, sin duda,
quien, sin permisión del conde,
experimentó hasta donde
llegó su fe, y si se muda
   viuda quien ejemplo ha sido
de la virtud desposada.)
Todo esto, condesa amada,
puede un amor atrevido
   que llevaba mal el veros
empleada en desiguales
coyundas, cuando las reales

recelan el mereceros,
   puesto que, amándole tanto,
admiro el que os consoléis
tan presto.

Elena
               Vos solo hacéis
oposición a mi llanto,
   porque es de suerte el deseo
que me llama a esta ocasión,
y tal la satisfacción
que he de sacar de este empleo
   que, a pesar de mis desvelos,
estimo el aseguraros
tanto, que aun no quiero daros,
llorando a un difunto, celos.

Juan
Extremos de tanto amor
no con palabras presumen...

(Aparte.)
(¡Ah, cielos! Que me consumen
las ansias de mi dolor.)
   ...mis dichas satsifacerlos.
Dadme de esposa la mano.

Elena (Aparte.)
(Para vengarme, tirano,
no para corresponderlos.)
   Está la diestra impedida
que, en efecto, se la di
a don Juan y le admití
por dueño en ella; y no olvida,
   aunque difunto, la fe
de su amor, puesto que en vano,
y estando viuda esta mano,
no es fineza que os la dé.
   Ésta otra sí, que más cuerda

	excusó esa obligación,
	y el lado del corazón
	la autoriza, aunque es la izquierda;
	que hasta en esto me debéis
	primores que Amor procura.
Juan (Aparte.)	(¡Ah, aleve! ¡Ah, ingrata! ¡Ah, perjura!)
	¿Qué andáis buscando? ¿Qué hacéis?
Elena	El pecho la mano os toca
	recelosa, y con razón;
	que no afirma el corazón
	lo que publica la boca;
	que juzgo en vos muy distante
	el alma de vuestros labios.
Juan	(Vengad, honor, mis agravios.)
Elena (Aparte.)	(Muera, honor, el cruel infante.)

(Tiéntale [Elena] con la mano izquierda el pecho y apúntale con la derecha la pistola. Quiere disparársela y don Juan saca la daga para darle con ella, y sale Buñol con luz.)

Buñol	El conde ha venido ya.
	¿Si con don Juan ha encontrado?
Elena	¡Jesús! ¡Difunto adorado!
	¡Feliz muerte en vuestros bra...!

(Cae desamayada en los brazos de don Juan.)

Buñol	«Brazos» pronunciar quería
	y el «zos», del demayo fiero,

	quedósele en el tintero.

Juan

¡Ay, prenda del alma mía!
    ¡Qué costosos desengaños
mis sospechas aseguran!
¡Qué presto eclipsar procuran
felicidades mis daños.
    Si murió, ¿qué es lo que espera
mi necia averiguación?

Buñol

¿La pistola al corazón?
¡Oh, inclemente epistolera!
    Mira que el conde está en casa.
Peligros, cuerdo, resuelve.

Juan

Ven y alumbra, que si vuelve
mi bien en sí, ¡ay, suerte escasa!,
    en albricias de su vida,
gozoso permitiré
que el conde muerte me dé.

Buñol

Borremos esa partida
    y en esta cuadra te encierra
donde acostumbra a dormir,
que esto, señor, de morir
huele a «¡puf!» y sabe a tierra.

(Vanse y llévale desmayada y salen Engracia con luz, y el Conde.)

Engracia

Hasta aquí, señor infante,
se extiende todo el distrito
de mi solícita agencia;
ese otro está a vuestro arbitrio.
Sangre real os ennoblece.

¿Quién duda que en el archivo
de vuestro pecho se esconda
este piadoso delito?
logradle, y quedaos con Dios.

(Vase y deja la luz sobre un bufete.)

Conde

Hicieron mis desatinos
inútiles mis promesas;
mal la daré a don Juan vivo
si le sepulta mi engaño.
Pero ya es usado estilo
en imposibles como éste
jurarlos y no cumplirlos.
Consiga yo mi esperanza;
que, si las suyas marchito,
consoláráse con otras;
que el tiempo amansa suspiros.
Guiad vos, Amor, mis pasos.

(Quiere entrar y detiénese viendo sobre la puerta el retrato de don Juan.)

¿Qué cuadro es éste que he visto
que está guardándola el sueño?
La imagen de don Juan miro
valientemente copiada.
¡Ah, joven inadvertido!
Competísteme soberbio,
despeñastete a ti mismo.
¿Qué esperabas, confiado
en el liviano presidio
de una mujer que juzgaste
inexpugnable a los tiros
del poder en la pobreza?

Resistiránse al principio
ímpetus de honor franceses
que, al cabo, mueran vencidos.
Vivo te juzga y te agravia
que, en efecto, siempre ha sido
la mejor mujer, mujer,
y el más firme vidrio, vidrio.
No estorbarás más mi intento.

(Va a entrar y cae el retrato ajustándose con la puerta.)

¡Válgame Dios! Ofendido
en estatua, por la honra
vuelve el pintado del vivo.
Ajustóse con la puerta
de suerte, ¡extraño prodigio!,
que parece consultado
lo que solo fue fortuito.
¡Qué valiente es la razón!
¡Qué pusilánime el vicio!
¡Qué independiente el imperio
del tálamo en su dominio!
¿Hay valor que se le atreva?
¿Cuál «yo el rey» fue tan temido
como «yo el dueño y esposo»?
Mas es blasón más antiguo
y debe reconocerse,
pues tuvo a Dios por ministro,
y el primer progenitor
antes que rey fue marido.
¡Por Dios, que le estoy temblando;
cobarde su copia miro!
¿Qué hiciera en mí el verdadero
cuando me asombra el fingido?

Respetemos su presencia,

(Quítase el sombrero.)

deseos inadvertidos,
porque un esposo, aun en sombra,
de veneración es digno.
Esta otra puerta está franca,
ciego Amor, por ella os sigo.
Desmientan atrevimientos
lo que malogran hechizos.

(Esté en la otra puerta don Juan, con la espada desnuda, la punta al suelo, en cuerpo y sin moverse.)

¡Válgame el cielo piadoso!
¡Jesús mil veces! ¿Qué he visto?
O desatina mi idea
o mis ciegos descaminos
para alumbrar escarmientos,
despeñandose conmigo,
ejecutor de mi muerte,
me oponen al que he ofendido.
¡Allí don Juan retratado!
¡Aquí, cielos, don Juan vivo!
¿Dos esposos en dos puertas
y en entrambas dos el mismo?
Hasta los sepulcros se abren,
adelantándose avisos,
¿y yo, rebelde a los cielos,
buscando mi precipicio?

(Éntrase don Juan.)

	¡No, desengaños piadosos;
	no, descompuestos sentidos;
	no, aduladores deseos;
	no, pensamientos lascivos!
(Llamando a voces.)	¡Condes, Engracia, criados!

(Salen el Alcaide y don Alonso.)

Alcaide	Infante, y el rey ha venido
	en secreto y a la posta,
	tan indignado contigo
	que peligra tu cabeza
	porque le han encarecido
	los deudos de los que agravia,
	apadrinados de amigos,
	el estado en que los tienes.

Conde	No es el primero tu aviso;
	las pinturas me lo han dado,
	los difuntos me lo han dicho.
	Cegáronme amor y celos;
	del real perdón soy indigno.
	Cruel será su piedad
	si es en mi muerte remiso.
(Al retrato.)	¡Ah, malogrado inocente,
	por honrado perseguido,
	por buen amante mal muerto!
	¡Qué tarde, cielos, que vino
	la piedad tras la venganza,
	el pesar tras el delito.

Alonso	No tan tarde, gran señor,
	que si con él te mitigo,
	no venga a echarse a tus pies

seguro, gozoso, y vivo.
Fingí su muerte, piadoso.

Conde   ¿Qué dices, Alonso amigo?
Deberéte, si eso es cierto,
el alma que fiel te rindo.

(Salen de gala y de las manos doña Elena y don Juan. Salen de gala doña
Jusepa, Engracia y Buñol.)

Juan   Las nuestras, oh, heroico infante,
tendrán desde hoy más alivio
en tu amparo generoso.

Conde   Todas mis venturas cifro
en estos brazos que os doy.
De patrones necesito
que enojos del rey aplaquen.
En vuestras manos, benigno,
dejaré justos agravios.

Juan   Verán en ellas cumplidos
sus gozos, nuestros deseos;
que les faltaba el arrimo
de tal dueño, tal señor,
tal príncipe, en quien el siglo
presente venera a un nieto
del monarca más invicto
que conoció nuestra España.

Jusepa   Yo, don Juan, que he merecido
veros libre de naufragios
crueles, cuanto prolijos,
para hacer mayor la fama

de mi amor constante y limpio,
contenta con sus memorias,
no casarme determino,
porque hereden mis estados
mis hermanos y sobrinos.
Y al conde le doy mil gracias,
pues, venciéndose a sí mismo,
generoso os favorece
si os persiguió competido.
Postraréme a los pies reales
en fe de que en ellos fío
clemencias en vuestro abono.

Buñol   ¿Y habremos comedia visto
que no acaba en casamientos?

Engracia   ¿Luego, no piensas conmigo
celebrarlos?

Buñol   Ni por pienso.

Engracia   Pues, ¿por qué causa, atrevido?

Buñol   Porque pueda rematarse,
sin curas y sin padrinos,
una comedia soltera.

Engracia   Deseábalo infinito.

Juan   Senado, el perfecto amor
no sabe temer peligros.

Fin de la comedia

Libros a la carta

A la carta es un servicio especializado para
empresas,
librerías,
bibliotecas,
editoriales
y centros de enseñanza;
y permite confeccionar libros que, por su formato y concepción, sirven a los propósitos más específicos de estas instituciones.

Las empresas nos encargan ediciones personalizadas para marketing editorial o para regalos institucionales. Y los interesados solicitan, a título personal, ediciones antiguas, o no disponibles en el mercado; y las acompañan con notas y comentarios críticos.

Las ediciones tienen como apoyo un libro de estilo con todo tipo de referencias sobre los criterios de tratamiento tipográfico aplicados a nuestros libros que puede ser consultado en Linkgua-ediciones.com.

Linkgua edita por encargo diferentes versiones de una misma obra con distintos tratamientos ortotipográficos (actualizaciones de carácter divulgativo de un clásico, o versiones estrictamente fieles a la edición original de referencia).

Este servicio de ediciones a la carta le permitirá, si usted se dedica a la enseñanza, tener una forma de hacer pública su interpretación de un texto y, sobre una versión digitalizada «base», usted podrá introducir interpretaciones del texto fuente. Es un tópico que los profesores denuncien en clase los desmanes de una edición, o vayan comentando errores de interpretación de un texto y esta es una solución útil a esa necesidad del mundo académico.

Asimismo publicamos de manera sistemática, en un mismo catálogo, tesis doctorales y actas de congresos académicos, que son distribuidas a través de nuestra Web.

El servicio de «libros a la carta» funciona de dos formas.

1. Tenemos un fondo de libros digitalizados que usted puede personalizar en tiradas de al menos cinco ejemplares. Estas personalizaciones pueden ser de todo tipo: añadir notas de clase para uso de un grupo de estudiantes, introducir logos corporativos para uso con fines de marketing empresarial, etc. etc.

2. Buscamos libros descatalogados de otras editoriales y los reeditamos en tiradas cortas a petición de un cliente.

www.ingramcontent.com/pod-product-compliance
Lightning Source LLC
LaVergne TN
LVHW041258080426
835510LV00009B/784